U0533246

老庄孙子 著

國學三議

老庄孙子系列丛书之三

道德经与金刚经

山东人民出版社
国家一级出版社 全国百佳图书出版单位

图书在版编目（CIP）数据

国学三议 / 老庄孙子著. -- 济南：山东人民出版社，2016.7
ISBN 978-7-209-09897-7

Ⅰ．①国… Ⅱ．①老… Ⅲ．①国学－通俗读物 Ⅳ．①Z126-49

中国版本图书馆CIP数据核字(2016)第171045号

国学三议：道德经与金刚经
老庄孙子 著

主管部门	山东出版传媒股份有限公司
出版发行	山东人民出版社
社　　址	济南市胜利大街39号
邮　　编	250001
电　　话	总编室（0531）82098914
	市场部（0531）82098027
网　　址	http://www.sd-book.com.cn
印　　装	肥城新华印刷有限公司
经　　销	新华书店
规　　格	32开（145mm×210mm）
印　　张	8.625
字　　数	200千字
版　　次	2016年7月第1版
印　　次	2016年7月第1次
ISBN	978-7-209-09897-7
定　　价	99.00元（共三册）

如有印装质量问题，请与出版社总编室联系调换。

序

南师怀瑾先生，是自秦汉以来我最为推崇的文化大德。我2012年写的一篇文章《庄子里面的孔子》就是受南师启发并祭念南师怀瑾先生的。

他老人家在20世纪70年代初时认为，在中国中古时代最黑暗的南北朝时期，佛教第28祖达摩东渡来到中国传教，是我国佛教特别是中国禅宗尤其以慧远法师在庐山结立白莲教净土宗派为中国佛教的开始。"中国禅宗是受老庄思想的影响，岂单是隔靴搔痒，简直是两个黄鹂鸣翠柳，一行白鹭上青天，不知所云地越飞越远了。"

南师在讲**《维摩诘经》**时说："一般人都以为中国的禅宗是达摩传来的，殊不知，由鸠摩罗什翻译的**《维摩诘经》《法华经》**才是中国禅宗的根本经典。"**老庄孙子**：老庄孙子名曰**《维摩诘之不可思议自具神通绝对真理解脱涅槃经》**。

南师还说："当南朝齐、梁之际，在志公、傅大士之前

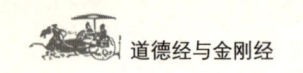

中国本土的学者，极少有人融会佛学的大乘义理与禅定的修证功夫而知行合一者。"

南师在《列子臆说》中又讲："孔子内圣之学的修养、修证、修炼功夫，大都记载在《庄子》《列子》中，较比佛学的修证、修炼还来的实际、简单。禅宗不是舶来品，受道家的影响极大！"还说："宋明理学是佛家的律宗，老庄道家是佛教的禅宗。"**老庄孙子**：宋朝理学，明朝心学。

其实，南师自己也考证过，达摩老祖来中国之前，他师傅，禅宗第27祖般若多罗的遗嘱（**老庄孙子**则以为在释迦牟尼佛祖之前）："东土震旦，有大乘气象。"因此，达摩才东渡传授了禅宗。**老庄孙子**：大乘本是禅宗最高究竟，又何以传为？

南师也曾推荐《牟融（子）理惑论》一书，该书是最早论述儒释道关系的著作。此书记载，早在西汉末年，汉哀帝元寿年（前2年），有大月氏国使者口授佛经。至于汉明帝梦里求佛，那已是东汉末年的事了。

再说说南师极为推崇的傅大士，深受梁武帝（"南朝四百八十寺，多少楼台烟雨中"，说的就是这位）爱戴。梁武帝讲《般若经》时，那是"公卿连席，貂绂满座"，武帝却独独为傅大士"别设一席，四人侍接"，何等待遇，又是何等气派！**老庄孙子**：梁武帝在位时兴建佛寺3000多座。

而达摩不远万里来到中国，汲汲去见梁武帝，两人却是话不投机。不得已，达摩怕遭灭顶之灾，只得偷偷地于月黑风高时，乘一叶苇舟渡过长江北到嵩山躲在一悬崖下整整面壁了九年（人们习惯于十年）！等待传人。**老庄孙子**：而非修行。

就是这位傅大士，有一次去见梁武帝，身披袈裟，头戴道冠，脚穿儒靴。

武帝惊问：是僧也？

大士手指冠。

武帝：是道也？

大士手指履。

武帝：是儒也？

大士又手指衣。

禅机、妙趣！傅大士中国禅的法相是以"儒行为基、道学为首、佛学为心"，真正三教合一的典范！

那傅大士这一妙法又出于何处呢？

《庄子·田子方》篇记载：有一天，庄子见鲁侯。

鲁侯：我们鲁国有很多儒士，而像你这样的道士则很少。

庄子：不然，鲁国少儒士。

鲁侯：哪里啊！举国上下都穿儒服，怎么说少呢？

庄子：我听说，大凡戴圆冠之儒者，知天时；穿方鞋之儒者，知地利；腰佩玉玦之儒者，则断事如神。有道之君子，未必穿儒服；反之，穿儒服者，未必有其道。你要是不信，请张榜告示天下"无此道而穿儒服者，其罪死！"

于是，鲁侯张榜天下五日，全国上下没有再敢穿儒服者。只有一位老者穿儒服立于侯门。鲁侯便请其进入公堂问以国事，千转万变而无穷尽。

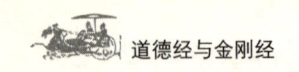

庄子：看看，以偌大之鲁国竟只有儒者一人耳，何谓多乎？

南师比喻"儒家是粮店，道家是药店，佛家是百货店"即"文革"时批判砸烂的三家店，亦源于此。

从根本上讲，佛学特别是禅宗为何在中华大地上那么快就融入且成为显学至今，其关键是中国即"东土震旦"早就有"大乘气象"！本来就有，自本自根。禅宗的东归就像回家一样，再自然不过了。其渊源就在于**《道德经》《金刚经》**以及老子和释迦牟尼两位老祖身上。

释迦牟尼是自立成佛，而老子却还有传承。远到盘古开天地，伏羲先天八卦及至神农、炎帝、黄帝。严格意义上讲，是先有老子骑青牛出函谷关，西域流沙，后有佛学东进。

准确地讲，老子比释迦大 100 岁左右，就算是教化，也只能老子教释迦，而非释迦教老子。客观地讲，释迦和孔子都是老子的弟子，释迦比孔子大 14 岁，从他俩一生的行为及学问看，两人确实是有可比性。

但从佛学角度讲，西方极乐世界只有三位佛，而东方佛却有很多很多。我们且不说"老子化胡，释迦转世"，折中如陆象山所讲"东方有圣人，西方有圣人，此道同，此理同"，也就是说真理只有一个"同谓之玄，玄之又玄，众妙之门"，只不过是"同出而异名"，仅此而已。

因此，我就想用老子的**《道德经》**去解释迦牟尼的**《金刚经》**，还要借助于庄子的**《南华经》**和维摩诘的**《维摩诘之不可思议自具神通绝对真理解脱涅槃经》**（简称**《维摩诘**

经》），还有列子的《冲虚经》以及《黄帝内经》《六祖坛经》《瑜伽师地论》等圣人们的论述。这里我要特别强调，《庄子》和《维摩诘经》是诠释《老子》和《金刚经》最权威的著作！有时间，我还想把庄子和维摩诘认真地比一比。

当然，这么重要的著作不能没有老庄孙子的幽默、调侃即老庄孙子类似的太史公曰，这更有趣味，助有缘人在"破颜微笑"间逍遥、在宥、究竟、解脱、涅槃。

2014年4月25日老庄孙子51岁生日，旧历三月二十六日孔子51岁时向老子求道还未学《易》，69岁时还未彻悟。

关于老子及道家的传承

《混沌图》记载，道家的祖师们，在三皇之初有万法天师，中王皇时有盘古，伏羲时有华子（《列子》中有记载），女娲时有郁密子，神农时有太成子，黄帝时有广成子（《庄子》《列子》中都有记载），尧时有务光（《庄子》中有记载），舜时有尹寿子，禹时有真行子，商汤时有锡则子，等等。**老庄孙子**：混沌，在《庄子》里有经典故事。

老子祖先在商朝武丁年间（前1250年左右）即为太史令，直到周文王、周武王、周昭王时期。**老庄孙子**：因为有人认为老商氏也是老子。

老子出生于公元前670年左右，据司马迁《史记》记载：老子寿命160岁到200岁之间。应该在160岁左右西出函谷关。此时释迦牟尼40岁左右，孔子30岁左右。老子长生不死是不可能的，《庄子》《神仙传》中都有老子之死的记载。

老子比较著名的弟子有庚桑楚，一直跟随老子。关令尹

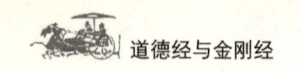

喜，老子把《道德经》直接传授给他，是老子学说的最大受益者。尹喜是鬼谷子的老师，鬼谷子培养的四名弟子苏秦、张仪、庞涓、孙膑，左右战国末期大国格局数十年。

秦汉时期的河上公是详细注解《道德经》的第一人，不但注的好，养生水平也非常高，深得老子养生之道。

当然，《道德经》集大成者莫过于庄子，可谓前无古人、后无来者。

汉朝打天下以及初期的文景之治就是用的黄老之道，值得大书特书一笔。

汉末，张道陵创建"五斗米"道教，封老子为太上老君。

特别是到了唐朝，李家天下，认祖归宗，封老子为"玄元皇帝"，自此神秘色彩日趋浓厚。

此后注解《老子》者汗牛充栋，各纭其说。直到1973年，长沙马王堆汉墓出土《老子》帛书才又找回老子的本来面目。

关于释迦牟尼及《金刚经》等的传承

释迦牟尼出生于公元前565年夏历4月8日,古尼泊尔人。释迦是种姓,牟尼是能寂能仁之意,与孔子"达则兼济天下,穷则独善其身"相仿。父亲是迦比罗城城主净饭王,母亲是拘利城公主。拘利城公主在回娘家路途中的一棵无忧树下生下释迦牟尼,七天后母死,由姨母抚养长大。有一看相者给释迦看相:在家为转轮圣王,出家则为觉者。7岁开始学经书,稍长学骑射、击剑,善思考。**老庄孙子**:孔子是出生在邹城尼山的一个山洞里,没见过爹。都是野生。

有一天,其父携其郊游,看到烈日下农民在辛勤耕作,满身泥浆、汗流浃背,劳作稍慢,便遭毒打。又看到泥土中的小虫被飞鸟争啄,弱肉强食,顿生慈悯心,埋下了出离人世的种子。

16岁时,迎娶拘利城公主耶输陀罗为妃。过着奢华的生活。父王为其建筑寒、暑、温三时的宫殿和美丽花园。19岁

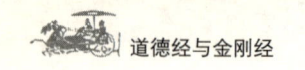

时，儿子罗睺罗诞生。

但众生"生老病死"的惨景却挥之不去，于是在儿子出生后不久便毅然决然出走！苦修7年，开始是隔日食一顿秕米，后来7天吃一顿饭，降心伏魔（如道家修炼之降龙伏虎），瘦得皮包骨（子贡也曾这样修炼），奄奄一息，被人救济。

随后走上访道、问道的路途，最终在一棵菩提树（也叫无忧树）下悟道，证得无上正等正觉，见宇宙人生的真知。历时13年。**老庄孙子**：孔子也是20岁到宋国求学问礼考证自己的先祖，三十而立。

此后便开始了49年的传经布道。81岁圆寂。释迦牟尼自封教主、佛祖。**老庄孙子**：老子也自称教父。

释迦牟尼和孔子类似，弟子众多，也有十几个优秀弟子（孔子是七十二贤人）。所讲经文由弟子们认真整理传承。孔子则是除《论语》外全部亲自整理著述。

例如《金刚经》，就是由释迦牟尼讲解，由其堂弟阿难记述，迦叶组织众弟子印证、整理、修改，修订5次才出版。此经是佛教历史上讨论最久、注疏最多、最具代表性、影响最为深远、历久不衰的经典中的经典。**老庄孙子**：就如《道德经》在道家的地位。

《金刚经》由鸠摩罗什在南北朝时期翻译过来。但与老子《道德经》相比，内容、思想且不说，《金刚经》重复的地方过多！我做了个统计，全文5000多字（《道德经》也是5000字）有2000多字重复，如"须菩提"三字重复130多次，近400字；"阿耨多罗三藐三菩提"30多次，近300

字;"波罗蜜"10次、"所说……既非……是名"21次、"于意云何"32次、"何以故"32次,等等。

而《道德经》却是老子一生(近200年)学问、阅历、修行、修炼、修养的凝练,亲自撰写,可谓是字字珠玑、句句如玉。

闲话少说,书归正传。

目　录

序 …………………………………………………… 1
关于老子及道家的传承 ……………………………… 7
关于释迦牟尼及《金刚经》等的传承 ……………… 9

第一章（品）　法会因由分 ………………………… 1
第二章　善现启请 …………………………………… 6
第三章　大乘正宗 …………………………………… 13
第四章　妙行无住 …………………………………… 32
第五章　如理实见 …………………………………… 43
第六章　正信稀有 …………………………………… 50
第七章　无得无说 …………………………………… 65
第八章　依法出生 …………………………………… 74
第九章　一相无相 …………………………………… 78
第十章　庄严净土 …………………………………… 94
第十一章　无为福胜 ………………………………… 110

第十二章	尊重正教	115
第十三章	如法受持	120
第十四章	离相寂灭	124
第十五章	持经功德	131
第十六章	能净业障	149
第十七章	究竟无我	160
第十八章	法界通化	180
第十九章	离色离相	184
第二十章	非说所说	193
第二十一章	无法可得	198
第二十二章	净心行善	201
第二十三章	福智无比	203
第二十四章	化无所化	208
第二十五章	法身非相	211
第二十六章	无断无灭	221
第二十七章	不爱不贪	224
第二十八章	威仪寂静	227
第二十九章	一合理相	232
第三十章	知见不生	246
第三十一章	应化非真（真则不化）	249

第一章（品） 法会因由分

如是我闻：

一时，婆伽婆在舍婆提祇树给孤独园，与大比丘众千二百五十人俱。

尔时，世尊食时，著衣持钵，入舍婆提大城乞食。于其城中，次第乞食已，还至本处。饭食讫，收衣钵，洗足已。如常敷座，结加趺坐，端身而住，正念不动。

老庄孙子：为方便起见，把品、分改为章，倒叙改为正叙。以下不再用"品、分"。

此经是按梁武帝太子昭明的分法，将整部经分为32品并命名且名称都很好。我解为32章。《老子》是81章，河上公为每章命名亦很好。都有寓意。

此章说的是释迦牟尼发起此次法会的缘由，是序曲。从释迦牟尼起居说起，重点是"乞"。佛祖是靠乞讨亦称化缘维持生计，靠人施舍供养。佛祖的初始用意是体察人间冷暖，生悲悯心。星云大师说是为了"自利利他"。自利是为了杜

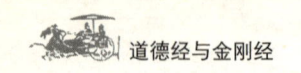

绝俗世，方便修道；利他是为了福利世人，给众生种植福田的机会。

但让人始料不及的是，佛教因此在印度灭绝，无以为生是其极为重要的原因！佛教东渡中国，能够得以生存并发扬光大的因缘除"东土震旦，有大乘气象"外，自力更生是其根本原因。中国的佛教特别是禅宗有地种，后来是皇家的大量赐封，从根本上解决了生存问题。经济基础决定上层建筑。

老庄孙子：曾国藩之耕读之家。

这也恰恰是中国道家特别是那些大隐们（《庄子》中比比皆是）的重要特点之一——"耕读"。所以说，道家的环境就是佛教在中国生存发展的温床。

儒家则讲究"学而优则仕""干禄"。后人包括南师以及以汤一介为总编纂的《中国儒学史》的编者们说曾国藩是大儒。"耕读"是曾国藩的座右铭，充其量也如庄子所说是"内圣外王"。老庄孙子曰：是"行儒修道"的典范，绝不是儒家的典范！曾国藩精研《庄子》极其透彻。曾一度手握重兵，众人尤其他弟弟曾老九（攻克太平天国首都南京者）劝他自立为皇，他回敬了一首著名的诗："左列功名右谤书，人间处处有乘除。低头一拜屠羊说，万世浮屠过太虚。"最后，自毁曾家军，"耕读"终生，造福子孙、众生，祭祀不断，真有道者，不愧为晚清中兴名臣！倍受毛泽东、蒋介石等人推崇。

屠羊说（yuè）是《庄子》"让王"篇里一则经典故事的主角。

第一章（品） 法会因由分

话说，伍子胥之父被楚昭王之父平王含冤诛戮，伍子胥为报杀父之仇一夜愁白发逃到吴国。吴楚大战自此拉开序幕。

楚昭王因此兵败失国走上逃亡之路，手下臣民均纷纷出逃。其中有一屠夫名屠羊说者也跟随其后并在最困难之时割股侍奉昭王。几年后在众人努力下收复国土，楚昭王又重新回到了王位。大赏群臣，包括屠羊说。

轮到屠羊说时，他拒辞：大王失国，我失去了杀羊卖肉的职业；大王复国，我也重操旧业。我的爵禄已复，又何赏之有？遂不受。

昭王不悦：强行封赐！

屠羊说：大王失国，非臣之罪，故不敢伏其诛；大王反国，非臣之功，故不敢当其赏。仍不受。

昭王怒：我要见他！

屠羊说：臣闻，楚国之法，有大功者才有资格晋见王侯，现如今，臣之智不足以存国，勇不足以杀敌。吴军攻入我首都，我畏难而逃避，并不是故意追随大王。现在，大王要废法违约非要让臣晋见，这是闻所未闻的事，一定会见笑于天下。

昭王对司马子綦说：屠羊说居处卑贱而陈义甚高，请你为我聘任他以三公之位。

屠羊说：我知道，三公之位贵不可言，万钟之禄富甲天下，然则，怎么会因为我而让君王留滥施爵禄之恶名呢？我羞愧难当，恳请允许我继续杀羊卖肉的职业。终不受。

这就是真正有道之人的明智之举，曾国藩是其一，道家

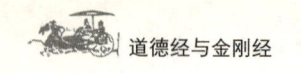

的典范。

　　道家"耕读"之最典范者莫过于《庄子》"让王"篇之善卷故事。夏朝的圣君大舜从政几十年，人老智衰，很想找一个接班人，找呀找，非常辛苦，终于找到一位好朋友，是当时道家大隐善卷。舜敬酒作揖极尽虔诚，想把天下拱让给他。善卷用一首中国远古最具哲理、最为美妙的诗词回敬了舜帝：余立于宇宙之中，冬日衣皮毛，夏日衣葛绨。春耕种，形足以劳动；秋收敛，身足以休食。日出而作，日入而息。逍遥于天地之间而心意自得（明心见性）。吾何以天下为哉？于是，遁入空山，不知所踪。**老庄孙子**：这是距今4000多年的事。

　　老子更是如此，给周王室当图书馆馆长，学无学，为无为，退休隐居，家有良田，好风好水。劳作之余，潜居抱道，修道养生。不想在人世间玩了，便骑青牛，过函谷，西域流沙，极乐世界。途中遭函谷关令尹喜扣留，被逼无奈，不得已留下《道德经》五千文，一走了之，不知所终。何其解脱、逍遥！不像释迦牟尼、孔子汲汲于传经布道40余年如一日，孔子更甚！累累若丧家犬。

　　扯得有点远，书归正传。本章所要表达的是，释迦牟尼是丐帮鼻祖、帮主。所谓大比丘众，比丘就是乞丐，南师称之为"乞士"。大比丘就是丐帮小帮主，释迦则是大帮主。说白了，就是1250个"讨吃鬼"在帮主的"会所"吃饱饭没事干祈盼帮主点拨如何成为大帮主，得无上正等正觉。

　　其实，释迦牟尼真正优秀的弟子是明朝开国皇帝朱元璋，由一介叫花子和尚一跃为一代帝王，不仅仅"传经布道"，还能"施若恒沙"。把"耕读"做到了极致。

"如是我闻"，这是释迦牟尼为其堂弟阿难钦定的佛经专门用语。阿难以博闻强记著称，所有释迦牟尼讲的经都由他记忆后整理。阿难也是如孔子所说"未见好德如好色者"。《楞严经》就是以救度迷恋堕落于著名妓女而不能自拔的阿难开篇的。

所以，告子才说"食色，性也"；孔子说"食色，人之大欲存焉"；老子说"少私寡欲，见素抱朴"；释迦牟尼佛教的三戒"杀、盗、淫"；刘邦攻入咸阳时"约法三章：杀人者死，盗与淫者抵罪"，何其一致！

如何从"食色"上解决、解脱是圣人们面临的首要重大课题。佛家是只想解脱，不想解决；老子也无奈"不见可欲，使民心不乱"；老庄孙子是"首先解决，然后解脱"；维摩诘是"先成魔，后成佛"。

第二章　善现启请

尔时，慧命须菩提在大众中，即从座起，偏袒右肩，右膝著地，向佛合掌，恭敬而立，白佛言："希有！世尊。如来、应供、正遍知，善护念诸菩萨，善付嘱诸菩萨。""世尊。云何菩萨大乘中发阿耨多罗三藐三菩提心？应云何住？云何修行？云何降伏其心？"

尔时，佛告须菩提：善哉！善哉！须菩提。如汝所说："如来善护念诸菩萨，善付嘱诸菩萨。"汝今谛听，当为汝说。如菩萨大乘中发阿耨多罗三藐三菩提心，应如是住，如是修行，如是降伏其心。

须菩提白佛言：世尊。如是。愿乐欲闻。

通篇160多字，等于一句没说。繁文缛节、男尊女卑倒是有的。孔子讲学，弟子也没有执此大礼，老子、庄子就更不用说了！

《庄子》"天运"篇：孔子在老子那受教后，给弟子们说"老子其犹龙乎？"子贡一听，兴奋异常，"尸居而龙现，雷声而渊默,发动于天地者乎(子贡懂《易》)?"不信。于是乎,子贡自以为怀揣三皇五帝之道,便打着孔子旗号趾高气扬地去向老子问道,老子极其谦逊地小声说:"小伙子,我老了,耳背,请你再靠前点把你所知三皇五帝之事说给我听。"几次三番。**老庄孙子**:释迦牟尼一再宣称"众生平等",在此存疑。

再看看墨家代表人物杨朱如何向老子求道。《庄子》"**寓言**"篇记载:阳子去楚国走到沛地(也是刘邦、项羽发迹地),老子西游秦国,在梁地两人相遇。

路途中,老子仰天长叹:一开始我以为竖子可教,现在看,竖子不可教也!阳子不答。到了驻地,阳子帮老子洗漱完毕,把鞋子脱在门外,膝行(榻榻米,那时人都是跪着说话,叫跪坐,日本人继承得很好)而进:刚才,弟子想请教,你一直忙着赶路。现在得闲,请问我错在哪里?**老庄孙子**:杨朱一路也没反省好。

老子:你一路仰头张望,傲视于人,谁会与你相处呢?你可知,品质越是纯白无瑕越是要警惕身上可能存在的污点,道德越是高尚越要感到自身修养的不足。

杨朱蹴然变容:敬闻先生明示,谨遵教诲。

来的时候,杨朱进出旅店,店老板、老板娘都要亲自迎送,老板端水,老板娘拿毛巾,唯恐慢待,其他客人都得回避,烤火的人都要让给他先烤,惹不起。

接受老子教诲后,再来时,旅店的人们则与他争席矣!

老庄孙子:真正平等。

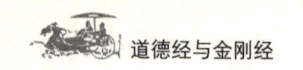

孔子那么讲究礼节的人，在教书育人时依然特别注重随机、因人施教、善于启发、循循善诱，从不摆架子。**老庄孙子**：维摩诘做得也极好！

《论语》"先进"篇记载：有一天，子路、曾晳（曾子爹）、冉有、公西华闲来无事，围孔子而坐。**老庄孙子**：围炉夜话。

孔子：你们不要以为我长你们几岁，就认为我有什么了不起。在背后，你们说天下没有知己者，怀才不遇。今天没事，咱们聊聊，如果有人要重用你们，你们都有什么本事？不妨说说。

子路率先抢答：一个有千乘的（一千辆战车，四千匹战马，八万多士兵）中等国家，在大国间夹缝生存，有战争和饥饿的威胁。如果让我去统兵，不出三年，兵强马壮，能对付那险恶的环境，立于诸侯之间而不倒。

孔子微微一笑，不置一词。看着冉求，问：你，怎么样？

冉求：方圆六七十里，五六十里也可，如果让我去治理，大概三年，可以使民众富足。至于礼乐教化，那得请有德君子。

孔子面向公西华：你，如何？

公西华：不能说我有能力，但我非常愿意学习。宗庙之事，如盟会，穿礼服、戴礼帽，做一个小小的礼宾司，我愿足矣。

孔子又面向曾晳：你，怎么样？

这时，曾晳正在弹琴，轻轻一弹，戛然而止。放下琴瑟，掸掸衣服，稍稍端坐：很惭愧，我没法和他们仨比。

孔子：无所谓，各言其志吗！说说。

曾皙：暮春三月，鲜花盛开，蓝天白云，春风拂面，杨柳依依，穿上新做的春服，约上几个小青年，带上六七个顽童，在清清的沂水河里游游泳、洗洗澡、晒晒太阳，再到社稷坛上跳跳舞，然后唱着牧童的歌谣蹦蹦跳跳、优哉游哉走在回家的小路上。**老庄孙子**：此时曾皙年纪已不小，只小孔子几岁。

孔子喟然叹曰：我和曾皙一样啊！

子路、公西华、冉有先离开，曾皙受了孔子表扬，故意慢半拍，倚老卖老，回头问孔子：他们三个说得怎么样？

孔子：没什么，各言其志尔，仅此而已。

曾皙紧追不舍：那你为何笑子路？

孔子：以礼（法的根本）治国，其言不逊，故哂之。

于是孔子接着说：难道，冉求就不是治国吗？怎见得方圆六七十里，乃至五六十里就不是一个国家呢？**老庄孙子**：老子之小国寡民。

难道，公西华所为就不是国家行为吗？宗庙、会盟（管仲帮齐桓公主持会盟，九合诸侯、一匡天下），如不是诸侯国甚至诸侯王谁敢为之？如果认为公西华所为事小，那还有什么更大的事吗？**老庄孙子**：社稷与天下。

关于**男尊女卑**。释迦牟尼及其主要弟子都有此嫌疑，有据为证。佛教一直有女人不能成佛的说法，要想成佛必须女转男身之后！

《维摩诘经》"观众生品"记载天女散花的故事。在维摩诘的方丈室里，众菩萨接受天女讲经。

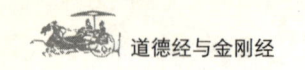

舍利弗（释迦大弟子，以智慧见长）：你为何不转变女身（变女为男）？

天女：我跟随维摩诘居士十二年来，求女人相而了不可得，要怎么转？譬如魔术师变出一个女人，有人问，所变出女人为何不转成男人？你以为如何？**老庄孙子**：维摩诘金屋藏娇。

舍利弗：不可能！幻无定相，当何所转？**老庄孙子**：佛家的幻化、无常与儒道之宇宙变化有所不同，佛家更消极。

天女：一切诸法，亦复如是，无有定相，云何问不转女身？

这时，天女发了神通，将舍利弗变成了天女，把自己变成了舍利弗，问：你为什么不转女身？

舍利弗以天女像答曰：我不知为何转成女身？

天女：舍利弗！如果你能转此身，一切女人也能转。就像你舍利弗，非女而现女身，一切女人亦复如是！你虽现女身，却非女也。**老庄孙子**：所谓男女，只是形式上的，即形而下者，只是个报身。至于生命自性的法身，即形而上之本体，是不分男女的！

天女接着说：所以，佛（不是释迦）说："一切诸法，非男非女。"

随即，天女还摄神力，舍利弗身还复如故。问舍利弗：女身色相，今何所在？

舍利弗当下即悟：女身色相，无在无不在。**老庄孙子**：释迦的几乎所有优秀弟子都是在维摩诘的教化、点拨下开悟的！舍利弗则是由维摩诘方丈小屋所藏天女点拨开悟的。就像老子点拨、教化孔子及弟子。

天女：一切诸法，亦复如是，无在无不在，这是佛说的。
老庄孙子：道家，老子、庄子在这方面的论述是极其充分的！尤其庄子。所以庄子与维摩诘有一拼。

说说须菩提。释迦牟尼十大弟子之一，以悟空见长。《金刚经》就是他与释迦对话。**老庄孙子**：模拟颜回。

阿耨多罗三藐三菩提，意为悟得无上正等正觉，大彻大悟，即解脱、开悟、涅槃，就是老子说的"道"（字数上1∶9）。无极，爱因斯坦说的"绝对精神"，基督的上帝，穆罕默德的真主，佛教的如来等等。

再看看，5000年前黄帝是如何拜师求道以及他的老师是如何接待弟子的。

《庄子》"在宥"篇：黄帝在位19年，令行天下，政通人和，无所事事，听闻在空洞山（在甘肃境内）有一高人曰广成子，便往见之。

黄帝：我听说您已达于至道，敢问至道的精华？我想取天地之精，保佑臣民五谷丰登，风调雨顺。我还想调和阴阳以利众生，怎么样？**老庄孙子**：全心全意为人民服务。

广成子：你所问的，都是些有形的东西；你想要调和的只不过是"道"之渣滓。自从你治天下以来，云气没等集聚就下雨，草木还没枯黄就开始凋谢，日月之光日趋强烈。你这个佞人之心依然浅陋，哪里有资格谈论至道！

黄帝潸然、郁闷，决心捐弃天下。他修建斋戒修身之室，以白色艾蒿为席垫，闭门修行三个月后又去拜见广成子。恰

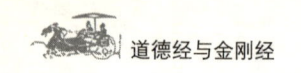

逢广成子头朝南脚冲北高卧小憩，黄帝顺下风膝行而进，再拜稽首小声道：闻先生达于至道，敢问"怎样修身才能长久？"**老庄孙子**：老子之长生久视之道。

广成子蹶然而起：善哉乎问！来，我告诉你何为至道。

黄帝又向前膝行几步，低眉顺眼，洗耳恭听。

广成子：至道之精，窈窈冥冥；至道之极，昏昏默默（不是佛家的寂灭）。无视无听，抱神以静，形将自正；必静必清，无劳汝形，无摇汝精，乃可以长生。目无所见，耳无所闻，心无所知，汝神将守形，形乃长生；慎汝内，闭汝外，多知为败。我为汝遂于大明之上矣！至彼至阳之源也！为汝窈冥之门也！至彼至阴之原也！天地有官，阴阳有藏。慎守汝身，物将自壮。我守其一以处其和。故我修身千二百岁矣，形未常衰。**老庄孙子**：不愧为老子之祖师！

黄帝再拜稽首：先生真可谓天矣！**老庄孙子**：天人、真人。

广成子：再靠前点，我告诉你："彼其物无穷，而人皆以为有终；彼其物无测，而人皆以为有极。得吾道者，上为皇而下为王（皇上的出处）；失吾道者，上见光而下见土（死无葬身之地）。今夫万物皆生于土而反于土。故，余将去汝，入无穷之门，以游无极之野（无极的出处，至少5000年）。吾与日月参光，与天地为常。当我者缗乎，远我者昏乎！人尽其死，而我独存乎！"**老庄孙子**：《道德经》中很多话都是黄帝、广成子等等说的。黄帝为土色之出处。

上述故事《列子》中有更详细全面的记载，专设"黄帝"篇。**老庄孙子**：弟子洒脱、逍遥，老师更洒脱、逍遥、在宥！

第三章　大乘正宗

佛告须菩提：诸菩萨生如是心，所有一切众生所摄，若卵生、若胎生、若湿生、若化生，若有色、若无色，若有想、若无想、若非有想非无想。所有众生界众生所摄，我皆令入无余涅槃而灭度之。

如是灭度无量无边众生，实无众生得灭度者。何以故？须菩提。若菩萨有众生相，既非菩萨。

终于入题！而且直入正题"大乘正宗"。此一大段话，用庄子的话一言以蔽之，"齐物"而已！

菩萨摩诃萨是大菩萨之意，指有大慧根、大智慧、大愿力，能修成正果的人。

大乘者，是指大彻大悟大智慧又有金刚之大愿力能慈悲普度众生者，可比庄子所谓"内圣外王"之圣人。

涅槃，彻底了悟意，境界达到究竟地步，有庄子"举世皆誉而不加劝，举世皆辱而不加沮"以及范仲淹"不以物喜，不以己悲"的味道。

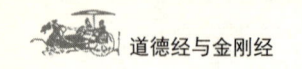

所谓有余涅槃和无余涅槃，有余涅槃是小乘修行的极致；无余涅槃是大乘境界，不但大彻大悟，而且能以金刚智慧力断一切烦恼、智障，了却生死，又能生出无穷慈悲愿力，入世普度众生。有如孔子明知不可而为之的执着。

《庄子》通篇表述的是孔子闻道、求道、悟道的过程，最后达到"乐天知命故无忧"大彻大悟的境界；而《列子》专设孔子篇，则表述了孔子悟道后生发无限慈悲心，愿以一己之力救助一切众生之"乐天知命故有忧"的大乘气象。诸如黄帝、唐尧、虞舜、大禹、周文王、孔子都属于"东土震旦，有大乘气象"，能"穷则独善其身，达则兼济天下"，是"内圣外王"的典范！

还是说说最具代表性的黄帝吧！

《列子》"黄帝"篇记载：黄帝与炎帝大战于阪泉之野，黄帝用训练好的虎豹熊罴、凶禽毒蛇大胜炎帝；随后，又在河北涿鹿与蚩尤决战，黄帝大胜，血流漂橹，从而平定了各种势力、部落，一统天下。在黄帝的精心治理下，使中国真正走向了"大同"世界。就是这样的无量功德，依然受到道家特别是那些大隐们的讽刺、揶揄、批评。

除广成子外，《庄子》"缮性"篇批评黄帝：世风日下，道德继续衰落，到了神农、黄帝主政天下，只能以武力安定天下，而不能同万物、顺民心。

《庄子》"盗跖"篇借盗跖之口说："世上所推崇的莫过于黄帝。黄帝尚且不能德行完备。他与蚩尤大战，血流百里。"

黄帝接受了批评，认真反省自己，不但自己大彻大悟，白日飞升，列入仙班，还无为无不为，使华夏走向"大同"，让人类真正过上了"原始共产主义"生活。

最著名的是《列子》"黄帝"篇中黄帝做"华胥国"之梦，最终梦想成真的故事：黄帝即位15年（《庄子》中是19年），很高兴，天下拥戴自己，养正命、娱耳目、供鼻口，享受过了，生生之厚，年纪也大了，皮肤也黑了、皱了，精神不济，人老力衰，发白眼花。

又过了15年，担心天下会不安定，又开始考虑治理天下，建立制度，让百姓生活得更好更安定。这样一来，就更疲惫，年纪也更大，头脑更昏聩。

黄帝反省自己，喟然叹曰：我太过了，心又不得解脱。养生自己有祸患，治理天下也有祸患，为之奈何？**老庄孙子**：为己、为人都有问题。孔子之人道、阴阳之患。

于是，黄帝放下日理万机（万缘放下），出离辉煌宫殿（出离心），去掉侍从，取消钟鼓之乐，减省御膳房（吃素），在一个自制的大厅内闭关入定，斋心服（伏）形（孔子心斋，颜回坐忘），即《楞严经》所谓的"脱黏内伏，伏归元真"。如此三个月不理朝政。**老庄孙子**：譬如北辰了，一笑。虚极静笃了，具六神通！再理解一下庄子的"养生主"之"为善无近名，为恶无近刑，缘督以为经！"

虚极静笃之后，有一天，突然做了一个白日梦（其实已俱神通，应是看见），神游华胥氏（类似伏羲氏、燧人氏、有巢氏）之国。**老庄孙子**：道家也是，类似儒家的理想王国、

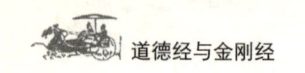

大同世界。

这个圣明大同的华胥氏之国是什么样子呢？是在大西北，不晓得离我们有几千万里，绝非舟车足力所能到，神游而已。**老庄孙子**：前面已说了天女的神通。

其国无帅长，自然而已。**老庄孙子**：老子之"法地、天、道、自然"，自然而然。释迦的如来、如如、真如。

人们不知乐生，不知恶死（解脱生死），故无夭殇；不知亲己，不知疏物，故无爱憎。**老庄孙子**：庄子之齐万物、等是非。释迦之无分别心。

不知悖逆，不知向顺，故无利害；都无所爱惜，都无所畏忌。

入水不溺，入火不热。斫挞无伤痛，指擿无痟痒。乘空如履实，寝虚若处床。云雾不硋其视，雷霆不乱其听，美恶不滑其心，山谷不踬其步，神行（通）而已。**老庄孙子**：小乘的极致！此类记载在《黄帝内经》《庄子》《列子》以及佛家经书中，信手拈来，比比皆是！至人、神人、真人（天人）。

黄帝出定，大彻大悟。**老庄孙子**：悟后干什么呢？

于是召集群臣，告诉他们：我闭关（闲居）三个月，斋心服形，琢磨用以养身、治世之道，一无所获。疲惫不堪，干脆睡觉。**老庄孙子**：万缘放下，一念不生；入定，虚极静笃。

结果做了一个大梦。**老庄孙子**：大梦谁先觉？较比弗洛伊德"梦的解析"不知强万倍！

醒后彻悟。**老庄孙子**：无上正等正觉，觉醒。

方知，至道是不可以"情"求得。**老庄孙子**：七情六欲、六根、六尘、五蕴、四大、五行等等，释迦之不可思议。

然而，我却知"道"了，得"道"了，悟"道"了！但却无法说出口。**老庄孙子**：释迦之传经布道49载一言未发，只能拈花微笑，心印法藏。

又过了28年（黄帝已在位58年），天下大治！其国运之昌，百姓之安居乐业，与黄帝神游的华胥氏之国几乎一样！黄帝彻底放下了、放心了，于是便羽化登仙，白日升天，仙及鸡犬，没来得及随行的百姓大臣，号啕大哭。黄帝营造的"华胥国"极乐世界整整延续了二百多年！**老庄孙子**：为政以德，譬如北辰，更何况如黄帝之善为道者！孔子"大同"出处。

那黄帝到底是怎么梦想成真的呢？

老子是这样总结的：古之善为道者，微妙玄通，深不可识。夫惟不可识，故强为之容：豫兮若冬涉川，犹兮若畏四邻；俨兮其若客，涣兮其若冰之将释；敦兮其若朴，旷兮其若谷；混兮其若浊。孰能浊以静之徐清？孰能安以动之徐生？保此道者不欲盈。夫惟不盈，故能敝而（不）新成。**老庄孙子**：历久弥新。

致虚极，守静笃。万物并作，吾以观其复。夫物芸芸，各复归其根。归根曰静，静曰复命，复命曰常，知常曰明。不知常，妄作，凶。知常容，容乃公，公乃王，王乃天，天乃道，道乃久，没身不殆。等等。

这样的圣人、神人、真人、至人到底有没有？绝对有！《庄子》《列子》《维摩诘经》《黄帝内经》等等都有记载！

同一个故事在《庄子》《列子》中都有。先看《庄子》"逍遥游"篇：藐姑射之山，有神人居焉，肌肤若冰雪，绰约若处子，餐风饮露，乘云气，御飞龙（四禅天），而游乎四海之外。其神凝（禅定），使物不疵疠而年谷熟。之人也，之德也，将磅礴万物以为一，世蕲乎乱，孰弊弊焉以天下为事！之人也，物莫之伤，大浸稽天而不溺，大旱金石流，土山焦而不热。是其尘垢秕糠，将犹能陶铸尧、舜者也，孰肯以物为事！**老庄孙子**：已超越物理世界的束缚。远比释迦"大乘"者伟大。

再看《列子》"黄帝"篇：列姑射山在海河洲中，山上有神人焉。吸风饮露，不食五谷；心如渊泉，形如处女。不偎不爱，仙圣为之臣；不畏不怒，愿悫（诚实、心甘情愿）为之使；不施不惠，而物自足；不聚不敛，而己无愆。阴阳常调，日月常明，四时常若，风雨常均，字育常时，年谷常丰；而土无札伤，人无夭恶，物无疵厉，鬼无灵响焉。**老庄孙子**：这些仙圣是怎么修炼的呢？

觉得虚玄！那就看看《黄帝内经》"上古天真论"篇。

黄帝问岐伯：我听说上古之人，都能活过百岁而动作不衰，为何？

岐伯：上古之人，其知"道"者，法于阴阳，和于术数（孔子的数、度），饮食有节，起居有常，不妄作劳，故能形与神俱，而尽终其天年，过百岁乃去。今时之人则不然也，以酒为浆（琼浆玉液），以妄为常（众生颠倒），醉以入房，以欲竭其精（纵欲，保健是为了纵欲），以耗散其真（元气），不知持满，不时御神，务快其心。逆于生乐，起居无节，故难以活过半百！

岐伯接着说：夫上古圣人教导我们"虚邪贼风，避之有时。恬淡虚无，精神内守，病从安来？"所以，志闲而少欲，心安而不惧，形劳而不倦，气从以顺，各从其欲，皆得所愿。故，美其食，任其服，乐其俗，高下不相慕，其民故曰朴。所以，嗜欲不能劳其目；淫邪不能惑其心；愚、智、贤、不肖，不惧于物（物物而不物于物），故合于道。所以，能年皆度百岁而动作不衰，以其德全不危也。**老庄孙子**：庄子"才全德不形"，老子之"甘其食、美其服、安其居、乐其俗"出处。

黄帝总结道：我听说，上古有"真人"者，提携天地，把握阴阳。**老庄孙子**：《黄帝阴符经》之宇宙在乎手，万化生乎心，不是如出一辙，就是一辙！

呼吸精气，独立守神，肌肉若一，故能寿敝天地，无有终始，此其道生。**老庄孙子**：后来如鸠摩罗什等翻译佛经所借鉴的手法！孔子、庄子经常用倒装句。无色界之人！

中古时期，有"至人"者，淳德全道，和于阴阳，调于四时，去世离俗，积精全神，游行于天地之间（顶天立地），视听八达之外（天眼通，天耳通），此盖益其寿命而强者也。**老庄孙子**：尘垢秕糠犹能陶铸尧舜也！

其次，有"圣人者，处天地之和，从八风之理（苏东坡：八风吹不动，端坐紫金莲），适嗜欲于世俗之间，无恚嗔（贪嗔痴）之心，行不欲离于世，被服章；举不欲观于俗，外不劳形于事，内无思虑之患，以恬愉为务，以自得为功，形体

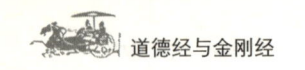

不弊，精神不散，活一百来岁，不成问题"。**老庄孙子**：世间出世间，以出世心做入世事，大乘者也！庄子最为推崇。

其次，有"贤人"者，法则天地，象似日月，辨列星辰，分别四时（老子之法地、法天、法道、法自然），将从上古（孔子之敏而好古），合同于道，亦可以益寿而能寿终正寝。**老庄孙子**：所谓黄老、老庄乃至于真正的孔子，无出其右者！释迦、佛家等各家亦如此！

关于众生的分类，佛家和道家几乎如出一辙。佛家分卵生、胎生、湿生、化生；道家记载得更为详尽，有色界、无色界，思想界，无想，非有想，非无想。这方面老子特别是庄子、列子论述的可谓到了极致！拣选几段以飨读者。

老子第一章河上公名曰"体道"：无，名天地之始；有，名万物之母。故常无，以观其妙；常有，以观其徼。

第十六章"归根"：致虚极，守静笃。则无所不知，无所不晓。无为又无所不为。

第四十二章"道化"：道生一，一生二，二生三，三生万物。还说"反者，道之动"。等等。

《庄子》中的几段。

"逍遥游"论有无：商汤请教高人棘，上下四方有极乎？棘：无极之外，复无极也。

庄子说，不论是鲲鹏展翅九万里，还是小鸟起飞不过数仞，以及彭祖寿八百、列子御风十五天、宋荣子之"举世而誉之而不加劝，举世而非之而不加沮。定乎内外之分，辩乎荣辱之境"等等都不够究竟！只有乘夫天地之正，御六气之辩，以游无穷者，无待、无执、无求、无思、无虑，那才是至人、神人、圣人！

惠子患有大葫芦、大树而无用，借以讽刺庄子话大而无用。庄子调侃回敬他不懂无用之用，揶揄他"何不树之于无何有之乡，广莫之野，彷徨乎无为其侧，逍遥乎寝卧其下？不夭斤斧，物无害者，无所可用，安所困苦哉！"

"齐物论" 中以"天籁、地籁、人籁"论"有无相生，吹万不同"及其形象生动。

论七情六欲，喜怒哀乐：其梦也神交，其觉也形开；钩心斗角，小恐惴惴，大恐缦缦，话如毒箭，窥人是非，争名夺利，喜怒哀乐，姚佚启态，乐出虚，蒸成菌（菌生）。日夜相代乎前，而莫知其所萌，没完没了，旦暮得此，其所由以生乎？

非彼无我，非我无所取，而不知所为使。若有真宰，而又不得迹象，有情（信）无形。百骸、九窍、六藏，共存一体，吾谁与为亲？皆说之乎？其有私焉？如是皆为臣妾乎？其臣妾之间不足以相治乎？其第相为君臣乎？其有真君（主宰、真理、真主）存焉？无论求得还是不得，都不能损益真理的一毫一毛！

众生是可怜的、可悲的，无不"一受其成形，不亡以待尽（一出生就是在等死）"。迷于外物，相刃相摩，行尽如驰，莫之能止，不亦悲乎？终身役役而不见其成功，疲惫不堪而不知其所归，可不哀也！人谓之不死，奚益？其形化，其心与之然，可不谓大哀乎！人生是如此的蒙昧！

论思想与是非。夫随其成心而师之（师心自见，自以为

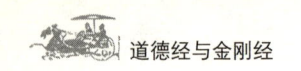

是），谁独且无师乎？无须乎智者、辩者，再愚蠢的人也有"愚见"！没有成见而有是非者无异于今天去越国却说昨天就到了。

就像以无有为有。无有为有，就是神明如大禹，也弄不清楚，更何况我们这些凡夫俗子？言语不像自然之风吹，所言者都有自己的偏见却又没有共同的标准。他真的说了吗？还是真的没说？却都自以为是不同于幼鸟之鸣。谁能辨的清？还是分辨不清？所以，大道隐而有真伪，真言不露而有是非。大道不言然后有百家之争鸣，小道者之矜夸喧哗。所以才有儒墨之是非，以是其所非而非其所是。欲是其所非而非其所是，莫若以明。**老庄孙子**：明心见性，应无所住而生其心，空灵不寐，普照万物。

物无非彼，物无非是。自彼则不见，自是则知之，故曰：彼出于是，是亦因彼。彼是方生之说也。虽然，方生方死，方死方生；方可方不可，方不可方可；因是因非，因非因是。是以，圣人不由而照之于天，亦因是也。是亦彼也，彼亦是也。彼亦一是非，此亦一是非。果且有彼乎是哉，果且无彼是乎哉？彼是莫得其偶，谓之道枢。枢始得其环中（譬如北辰，如如不动，《易》之不易，中心，涅槃的境界），以应无穷。是亦一无穷，非亦一无穷也。所以说，莫若以明！

以指喻指之非指，不若以非指喻指之非指也（《指月录》谁先谁后？《指月录》是1595年瞿汝稷完成）；以马喻马之非马，不若以非马喻马之非马也。天地一指也，万物一马也。可乎可，不可乎不可。道行之而成，物谓之而然。恶乎然? 然于然。恶乎不然,不然于不然。物固有所然,物固有所可。无物不然,无物不可。故不论是草茎还是栋梁,丑女还是西施,恢诡谲怪,在"道"来看统统为"一";其分也,成也;其成也,毁也。凡物无成与毁(成住坏空,复通为一)。唯达于道者知通为一,才能为是不用而寓诸庸。庸也者,用也;用也者,通也;通也者,得也。适得而几矣。因是已(因任自然),已而不知谓之道。所以,圣人和之以天钧(中庸,中道,动态平衡),是之谓两行。**老庄孙子**:孔子执(叩)其两端而用中,空空如也。孔子之"吾道一以贯之"与庄子"道通为一"何其一贯!

远古之人,其大智慧有到极致的。致到什么程度呢?有以为未始有物者(佛家之无始),至矣,尽矣,无以复加矣!庄子还说:有始也者,有未始有始也者,有未始有夫未始有始也者。

其次,以为有物也,而未始有封也。还说:有有也者,有无也者,有未始有无也者,有未始有夫未始有无也者。

再次,以为有封焉,而未始有是非。是非之彰也,是"道"之所以亏者也。大道亏损,所以才有爱的产生。等等。

一上来就扯这么长,各位可能不太适应。那就说点轻松的。物种的分类看似不少,其实人类对宇宙的了解是知之甚少,不足5%。人由何出,水从何来,都不知,还有更多的东西如暗物质、暗能量等等更是懵然茫然。所谓现代的科学技术之发明创造也只是明证释迦牟尼特别是老子、庄子、《山海经》等等所说、记载之万一。

弗洛伊德一点性学《梦的解析》还被美其名曰人类文明的一朵超级奇葩！堪与爱因斯坦相媲美。他们比起黄帝之梦、周公解梦、孔子解梦，甚或周穆王之梦、庄子之梦以及老庄之宇宙观物理化学人生观差之甚远。

霍金的终极思想也不过是"无中生有"，中华民族5000年前早已有之！最多算一小巫。

《庄子》"至乐"篇记载：有一天列子远行，在路途旁，看到一颗百年骷髅，他拨开蒿草指着骷髅说："只有我和你知道你未曾生也未曾死。你真的忧愁吗？我真的快乐吗？"

大千世界，芸芸众生各有生生之机。

在水中有海绵、珊瑚、水母等低级（单细胞）生物；在水土交界处则为苔藓、藻类。**老庄孙子**：盐藻是地球上最古老的单细胞生物，诞生在38亿年前，能在53度高温下轻松生存，在零下27度繁殖，在96%盐水中存活，被誉为地球上生命力最强的生物。

到了丘陵清爽处又为车前草，车前草在"郁栖"环境下则为"乌足"，乌足之根为"蛴螬"。**老庄孙子**：二者合称冬虫夏草，生长在亿万年积累的微生态养分土壤即列子所谓"得水土之际"，海拔4500米高原，年日照2881小时，均温零度，是平原氧气量的50%。

其叶一变为蝴蝶，蝴蝶一变（胥）又化为小虫，在灶下，蜕变为"鸲掇（似蛾）"；千日之后一变为乾馀骨鸟，其唾液能变成"斯弥"一类的虫，此虫放在坛子里作为酶介可酿为醋。**老庄孙子**：小时候看过我母亲用此方法酿醋。造化，庄子所谓的物化。

其学名为"食醯",此虫蜕变为飞蛾。各种虫子变来化去,最后化为一种名为"程"的赤色大虫,此虫化生为马(基因突变),马又化生为人。**老庄孙子**:达尔文说人是由猿变化而来。

人又回归到万物生生之机。**老庄孙子**:极其完整的生物链,物质不灭,能量转换,真正的转生轮回!

万物皆出于机,皆入于机。**老庄孙子**:此乃真天机、天道、天运也!如太阳之东升,苟日新、日日新、又日新!

关于众生的本性(人则是人的本性),六祖慧能的话最具诠释性。当五祖弘忍传衣钵给他,夜半偷偷给他讲《金刚经》至"应无所住而生其心"时,六祖大悟"一切万法不离自性",随后说出了万古真言:"何其自性本自清净!何其自性本自不灭!何其自性本自具足!何其自性本无动摇!何其自性能生万法!"即所谓"迷了是凡,悟了是佛",人人若能了人的自性(明心见性),皆成佛道。只因众生妄想执着,不能证得。

这也是释迦本章所说"如是灭度无量无数无边众生,实无众生得度者"的因原。当然更高的境界是"太上不知有之,百姓皆谓我自然"。

《大乘起信论》说:如是知一切众生,及与己身真如平等无别异故。

《大般若经》说:一切众生本性寂灭,无灭可灭,本来是佛,无佛新成。**老庄孙子**:不如寂寥好。

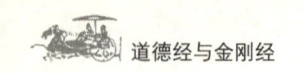

《道德经》第15章"显德"：保此"道"者，不欲盈，夫惟不盈，故敝不新成。

第17章"淳风"：太上不知有之，其次亲之誉之，其次畏之，其次侮之。信不足焉，有不信焉，犹兮其贵言。功成事遂，百姓皆谓我自然。

第34章"任成"：大道泛兮，其可左右。**老庄孙子**：道不远人，自本自根。万物恃之生而不辞，功成而不有，衣养万物而不为主。

第49章"任德"：圣人无常心，以百姓心为心。善者吾善之，不善者吾亦善之，德善；信者吾信之，不信者吾亦信之，德信。**老庄孙子**：真正的普度众生，众生平等，善行无辙迹。

第51章"养德"：道生之，德畜之，长之育之，亭之毒之，养之覆之（天无不覆、地无不载），生而不有，为而不恃，长而不宰，是谓玄德。等等。**老庄孙子**：真正的大慈大悲，普度了一切，不执着一丝一毫，又无一众生可度，既无妄想、也无妄为，如如不动如北辰。

老子、老庄、孔子、列子等等所要从根本上解决的也在于此。不但告诉你什么是"道"，还告诉你怎么闻道、悟道、证道、用道。孔子更说"朝闻道夕死可也"。

关于宇宙，恐怕没有老子描述的更究竟的了！

《道德经》第25章"象无"：有物混成，先天地生。寂兮寥兮，独立而不改，周行而不殆，可以为天地母。吾不知其名，强之曰"道"，强谓之名曰"大"。大曰逝，逝曰远，远曰反。故道大、天大、地大、人亦大。域中有四大而生处一。

老庄孙子：比释迦牟尼地、火、水、风"四大"如何？再比五行、八卦？更无须说八八六十四卦以至于无穷。

而人居其一焉。人法地、地法天、天法道、道法自然。

老庄孙子：自然而然。什么宇宙大爆炸，这个子，那个粒，就是"上帝粒子（玻色子）"也只不过是老子"无中生有"的一个中间环节，当然是一个很重要的中间环节。也是老子第一章"体道"之"道可道非常道，名可名非常名"的缘由所在。也是释迦牟尼后面一再表达的"所谓……既非……是名……"最著名句子结构的根本。也是释迦所谓"传经布道49年一言未发""拈花微笑，教外别传"的终极原因。

关于化生特别是幻、化是一篇大文章，一并放在最后一章详述。

关于"我相、人相、众生相、寿者相"这四不像，与孔子"四毋"：毋意，毋必，毋固，毋我；老子的"四不（当然不止）"：不自见，不自是，不自我，不自矜；庄子的"四无"：无为名尸，无为谋府，无为事任，无为知主，有异曲同工之妙！其核心都是为了解除困惑，早日悟道，达到"至乐"，就是要破除偏见、执着、妄想、妄为，如"贪、嗔、痴、慢、疑""六根六尘""七情六欲"等等。修炼到释迦的四大皆空，虚空粉碎；庄子的虚室生白，逍遥在宥；老子的虚极静笃，无为无不为；颜回的"坐忘"；孔子的"心斋"等等，不仅要"内圣"还要"外王"，更要"百姓皆谓我自

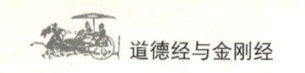

然"的究竟涅槃。当然，这是一件很难很难的事，孔子曰"尧舜其犹病诸"。

颜回悟道。《庄子》"大宗师"篇记载：经过名师（包括孔子之"心斋"）的点拨，自己的学习、修炼，颜回的进步非常之大。

有一天，颜回嚷嚷"我进步了！我进步了！"

仲尼惊问：你嚷嚷什么呢？

颜回：我忘掉"仁义"了！

这时的孔子受老子、隐士们的讥讽、棒喝以及自我反省也开悟了。于是仲尼说：还行，但不够究竟。

过了数日，颜回又嚷嚷：我进步了！我进步了！

仲尼：又怎么了？

颜回：我忘掉"礼义"了。**老庄孙子**：注意！仁义礼智被普遍认为是孔子儒学思想的核心！在此二人都是直呼其名，没有师道尊严，已很有逍遥在宥解脱的味道。

仲尼：行，但还是不够究竟。

颜回继续修炼，又过了些时日，又跑到孔子那嚷嚷：这回我是彻底了！

仲尼漫不经心：又怎么了？

颜回：我"坐忘"了！

这下，孔子可受惊不小！立马站起来睁大眼睛盯住颜回：你说什么？

颜回：我坐忘了！

仲尼：何谓"坐忘"？**老庄孙子**：孔子不及颜回处。

第三章 大乘正宗

颜回：堕肢体、黜聪明、离形去智、同于大道，此谓坐忘。

仲尼感慨：是啊！同则无好也，化则无常也。你确实是大圣大贤了！我愿意永随其后拜你为师！**老庄孙子**：老子说"绝圣弃智，民利百倍；绝仁弃义，民复孝慈；绝巧弃利，盗贼无有。少私寡欲，见素抱朴，绝学无忧"。何谓"道"？庄子曰：夫道，有情有信，无为无形，可传而不可受，可得而不可见；自本自根，未有天地，自古以固存；神鬼神帝，生天生地；在太极之先而不为高，在六极之下而不为深，先天先地而不为久，长于上古而不为老。狶韦氏得之，以挈天地；伏羲氏得之，以袭气母（老子之牝，元气之母，孔子之"一气流行"）；维斗（北斗）得之，终古不忒（譬如北辰，如如不动）；日月得之，终古不息；堪坏（昆仑山神）得之，以袭昆仑；冯夷（河伯、河神）得之，以游大川（《庄子》"秋水"篇）；肩吾得之，以处大山；黄帝得之，以登云天（神仙，入色界、无色界）；颛顼得之，以处玄宫；禺强得之，立乎北极；西王母得之，坐乎少广（相当于释迦母亲所居忉利天之天宫），莫知其始，莫知其终；彭祖得之，上及有虞，下及五伯；傅说（商武丁宰相）得之，以相武丁，奄有天下，乘东维（星宿名），骑箕尾（星名）而比于列星（与日月同辉）。这就是颜回内圣的境界，只可惜英年早逝，不然……唉！也是孔子恸哭"天丧予，天丧予"之根本原因！

再看看尧之病诸。

《庄子》"天地"篇记载：庄子说：古之畜（养育意，

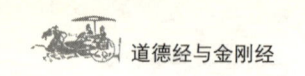

远高于治理、管理！）天下者，无欲而天下足，无为而万物化，渊静而百姓定。有一本叫《记》的书上说：通于一而万事毕，无心得而鬼神服。老庄孙子：应无所住而生其心。

有一天，尧帝到华这个地方（在陕西现在也叫华县）视察，当地头领（大隐之人）：见到您真高兴，圣人！祝您万寿无疆！

尧：不敢当。

头领：那就祝您大富大贵！

尧：不敢当。

头领：那就祝您多子多孙！

尧再次婉言拒绝。

头领：长寿、富贵、多子多孙是人人所欲也。你独不欲，为何？

尧：多儿多女多冤家，富不过三代（招贼），寿则多辱。此三者，非所以养德也，故辞。

头领：唉！始也吾以汝为圣人耶，现在看来，你顶多也就是位君子而已。

你可知，天生万民，必各授其职，多儿多女授予其应有的职责，则何惧之有？

富贵而均分于天下之人，则何事之有！

夫圣人，像鸟一样自由翱翔、随处觅食（胜过乞），飞鸿踏雪，了无痕迹。天下有道则与物偕昌，天下无道则修德就闲。活到一千岁，厌烦于人世则登暇上仙，乘彼白云，至于帝乡（极乐世界）。三患莫至，身常无殃，则何辱之有？

　　说完，头领转身就走。尧紧紧追随想继续请教，遭到呵斥，弄了个灰头土脸。**老庄孙子**：这就是尧之病诸。黄帝、舜、禹、文王、孔子、列子都曾病诸，至于后来的帝王将相以及五霸七雄等等就更等而下之了，如毛泽东诗词"秦皇汉武略输文采；唐宗宋祖稍逊风骚；一代天骄，成吉思汗，也只识弯弓射大雕"了。数风流人物还看老庄，也可以有孙子。

第四章　妙行无住

　　复次,须菩提。菩提不住于事行于布施,无所住行于布施,不住色布施,不住声、香、味、触、法布施。

　　须菩提。菩萨应如是布施,不住于相、想。何以故?若菩萨不住相布施,其福德聚不可思量。

　　须菩提。于汝意云何?东方虚空可思量不?老庄孙子:单提东方。

　　须菩提言:不也。世尊。

　　佛言:如是。须菩提。南、西、北方,四维,上、下,虚空可思量不?

　　须菩提言:不也。世尊。

　　佛言:如是。如是。须菩提。菩萨无住相布施福德聚,亦复如是不可思量。

　　佛复告须菩提:菩萨但应如是行于布施。

　　此章一大半重复,用我爹妈一句话就全能概括。我妈说"做好事别留名",我爹说"但行好事,莫问前程"。俗话说"积阴德";老子说"太上不知有之""无为",即庄子的不刻意,为此《庄子》自成一篇名为"刻意",批判刻意尚行,离世异俗,高谈阔论,你是我非。推崇:不刻意而高(山不衿高自及天),无仁义而修,无功名而治,无江海而闲,不道引而寿,无不忘也,无不有也。淡然无极,而众美从之。此天地之道,圣人之德也。

所以说,夫恬淡寂寞,虚无无为,此天地之平(中道),道德之根本。故曰:"圣人休(息心),修焉则平易矣!"**老庄孙子**:休息之来历。圣人休焉,休则平易矣。

"平易则恬淡矣。平易恬淡,则忧患不能入,邪气不能袭,故其德全而神不亏。"**老庄孙子**:形全、才全、德不形。

故曰:圣人之生也天行,其死也物化,静而与阴同德,动而与阳同波。不为福先,不为祸始。**老庄孙子**:在"养生主"篇中还说:为善无近名,为恶无近刑,缘督以为经,则可以保身,可以全生,可以养亲,可以尽年。

感而后应,迫而后动,不得已而后起。去知与故,循天之理。

故无天灾,无物累,无人非,无鬼责。其生若浮(浮生若梦安载道),其死若休。**老庄孙子**:视死如归。大禹之"生,寄也;死,归也"。

不思虑,不预谋。**老庄孙子**:庄子还说"无为事任,无为谋府"。

光矣而不耀。**老庄孙子**:老子之"和其光"。

信矣而不期。**老庄孙子**:老子之"圣人执左契"。

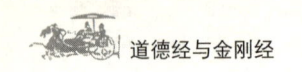

其寝不梦,其觉无忧,其神纯粹,其魂不罢。虚无恬淡,乃合天德。

故曰:悲乐者,德之邪;喜怒者,道之过;好恶(均四声)者,德之失。故心不忧乐(范仲淹之不以物喜,不以己悲),德之至也;一而不变,静之至也;**老庄孙子**:老子之"天得一以清",孔子之吾道一以贯之之"一"。

无所于忤,虚之至也;不与物交(物物而不物于物),淡之至也;无所于逆,粹之至也。

故曰:形劳而不休则弊,精用而不已则劳,劳则竭。**老庄孙子**:《黄帝内经》之七损八益。

水之性,不杂则清,莫动则平;郁闭则不流,亦不能清,天德之象也。

故曰:纯粹而不杂,精一而不变,淡而无为,动以天行,此养神之道也。

南师说,各类佛经,包括修炼、修行、修养都不如孔子(还没说道家)来得方便、简约。

释迦说"不住相布施"其福德就如无量无边之东南西北上下那么不可思、不可量!

你可知宇宙有多大?目前的科学推测,长约170亿光年,宽140亿光年!而且还在以接近光的速度膨胀。**老庄孙子**:光速每秒三十万公里,现在又发现远超过光速的粒子。

鼓励人们做好事可以,但没有这么夸张的!后边还有更夸张的。

星云大师解"性空是无量无边、不可思量,其施福也无量无边，不要去思量"。吾从。但他在翻译中还是说所得福报无量无边。

还是老子说得好：至公，如天降甘露、如阳光（第32章），无所偏私，但天无不覆、地无不载，又至私焉！即无为无不为也。

本章是第三章"无执"的具体延伸。当然，这种无相布施，常人也难以做到，做了别人也不信，以为你有所图呢！特别是当今世界，物欲横流，"有钱能使鬼推磨"的末法时代。

释迦说"性本空"，绝对合老子之道。孔子说"性相近，习相远""空空如也"；告子说"食色，性也"；孟子说"人之初，性本善"；荀子说"人之初，性本恶"；庄子是"非善非不善，非恶非不恶；即善即恶。等是非，齐一万物。无何有，执中而无碍"。

宇宙万有在"始"前即释迦所说"无始"，老子说的"无"，庄子前面关于"有无"的长篇论述，还是"古之人，其知有至矣。恶乎至？有以为未始有物者也，至矣，尽矣，不可以附加矣！"等等，说的是外在的空。释迦、老子、庄子重点关注的是人内在的空、虚！如何空？怎么虚？

佛家是由戒到定再到慧。当然，六祖的顿悟那是绝无仅有的。

二祖"安心"的故事。话说，达摩老祖一叶苇舟渡江北到嵩山，一坐就是十年！后人多以为他在面壁修炼，误人之深！其实，他是一面在避难，一面在等待衣钵传承。在那乱象丛生、举世滔滔的世俗中，独坐孤峰，面壁相对，沉潜在

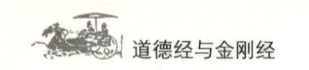

无限寂寞心境里，静静地等待着千古知音！

功夫不负有心人。当时的南北朝承接魏晋以后"玄学"和"清谈"之风，最为著名的是竹林七贤。一时间，西学东进，尤其以翻译佛经以及精思佛学风气，空前兴盛！大德东来如鸠摩罗什、达摩等。唐僧则是远在其后了。

在芸芸众生中，有一青年后生，在这股潮流中涌进了禅宗的法门，打破了达摩老祖"终日默默，装聋作哑，如愚若讷，面壁而坐"长达十年之久的沉寂。

他，就是后来中国禅宗二祖（达摩是始祖，禅宗第28祖）神光。

神光法名慧可，这使我不由地想起《庄子》中那么多神奇古怪的名字，什么善卷（确实把大舜帝卷的够呛！）、伯昏无人（把所有人都骂了！）、哀骀它（不食人间烟火）、混沌、倏忽、满苟得、副墨、洛诵、玄冥、疑始，以及《论语》中的澹台灭明（庄子受孔子影响也很大），等等，各含深意。如《水浒》智多星吴用（无用）、及时雨宋江（送江）、花和尚鲁智深（又傻又聪明深不可测）；《西游记》更有意思，美猴王孙悟空、好色之徒猪八戒。

神光出生前，他父亲没有子嗣，于是经常反省、检讨、祈祷，不断积善，有一夜，他做梦有一道特别的光照到他家，随后他妻子怀孕，生下神光，其名即源于此。

神光自幼聪慧好学，博览群书，尤其精通"儒""道"之学，那时称玄学，崇尚清谈，竹林七贤是其代表，已失去儒道之学的本意。又过于拘泥于人伦和礼法，认为《庄子》

和《易经》也不能穷尽宇宙人生奥妙的真理。老庄孙子：《易经》也是被文王，特别是孔子修订的过于人文化。

此时，佛教开始大量流入中国，神光便一头扎进佛学里，愈钻愈深，不能自拔，后来出家皈依了洛阳龙门香山的宝静禅师，游学于各寺庙佛学之间，遍学小乘、大乘等所有能涉猎的佛学，直到32岁，又回到香山苦修静定了八年。

有一天，他在"虚极静笃"之时，忽然听得有人对他说"你想修得正果，何必在此，大道就在南面"。神光信以为真，但第二天，他头疼如刀割，剧痛难忍，师傅让他去看病，这时空中又有声音"这是脱胎换骨！"随后，头顶长了五个大包。师傅见状，说：你走吧！南面少林寺有一位达摩大师。老庄孙子：在此亦可明证达摩在等待传人。

于是，神光来到少林寺，果然见到达摩面壁。他便侍立在达摩身后，达摩置之不理，时至严冬大雪，一夜过后，雪已没过神光膝盖。达摩才说：你到此为何？

神光：请大师慈悲。

达摩：诸佛妙道都源于远古，经多生累劫勤苦精进的修持，行一般人所不能行，忍众生所不能忍。就你？算了吧！

神光听后，毫不犹豫地砍下自己左手臂供奉在达摩面前，神情淡然。老庄孙子：庄子是"自古天下轻两臂"，孔子是"发肤受之于父母"，杨朱是"拔一毛利天下而不为"。

达摩觉得够意思，便送给神光一个法名"慧可"。老庄孙子：不是毅力，是智慧尚可。

慧可：请问法印？

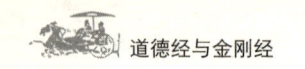

达摩：法不可求。**老庄孙子**：可传而不可受；可得而不可见。

慧可：那就，请大师为我安心？

达摩：你拿心来，我为你安。

慧可黯然许久：了不可得。

达摩：我已为你安心。**老庄孙子**：放心而已！外息诸缘，内心无喘。虚极静笃，了了常知。

达摩面壁了九年，觉得有衣钵传承了，便召集弟子们开会：我要走了，你们说说各自心得。

道副：不执着于文字，但也不离文字，这就是道的妙用。

老庄孙子：副墨。

达摩：你得到了我的皮毛。

主持：如见阿閦佛国（东方佛国），见了一次，就不须再见了。

达摩：你得到了我的血肉了。

道育：四大皆空，五阴非有，无法可得。

达摩：你得到了我的骨头。

最后是慧可，他只做了个揖，依然如故。

达摩：你得到了我的真髓了。于是传衣钵于慧可并作偈："我本来兹土，传法救迷情。一花开五叶，结果自然成。"随后传《楞伽经》给慧可。**老庄孙子**：多么像释迦拈花，迦叶微笑！慧可！中国禅宗第一祖！达摩之法本来就源于东土！一切自性本自具足！

儒家的空，"格物知至""知止然后有定，定而后能静，静而后能安，安然后能虑（虚），虑（虚）然后能得"，得道者也。经典故事，孔子"心斋"。

《庄子》"人间世"记载：

有一天，颜回要到卫国救难，孔子教训他，他一再辩解，最后江郎才尽，无咒可念，不得已只能告饶：先生！我是真没辙了，请指教。**老庄孙子**：哪里像释迦弟子，又是哭、又是闹、又是顶礼脚趾，又是佛光四射，更有神者，释迦脚趾一按，就像按电钮，三千大千世界各种珍奇宝物、奇花异草、一切美好立现眼前。圣贤如老子者，也不过是青牛一骑、紫气东来还是关令尹喜看见的，还要办关牒，被人逼迫不得已著五千文才西域流沙。即便如此，还遭白居易白眼："智者不言言者默，此语吾闻于老君。若谓老君是智者，为何自著五千文？"神通，不是常人所能理解，只能让人着迷。

孔子：你先斋戒，我再告诉你。师心自用，有意为之，不合天道，那是不行的。

颜回：我家极其贫困，这您是知道的，酒肉都数月不见了！这还不算斋戒吗？

孔子：你说的是祭祀之斋戒，不是我说的心斋。

颜回懵然：什么叫心斋？

孔子：宁心静气以为一。不要听之以耳要听之以心；不要听之以心而要听之以气。听止于耳，心止于符。**老庄孙子**：**《黄帝阴符经》**"德充符"的符，**《参同契》**的契，远高于卢梭的**《契约论》**！

气也者，虚以待物者也（庄子之无待以虚空）。唯道

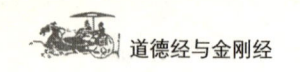

集虚。虚者，心斋也。**老庄孙子**：一切的修炼，胎息、踵息、打坐、入定、瑜伽、止观等等都是法门、方便而已，其究竟是为了"虚、空"，即心斋！

颜回：我未听您讲"心斋"之前，我还是知道我的存在的；听了您说"心斋"之后，我突然觉得我不存在了，这算得上"虚"吗？

孔子高兴：**尽矣！老庄孙子**：观天之道，执天之行，尽矣。

来！我告诉你：若能入游其樊篱而无感其名。**老庄孙子**：孔子论犀牛老虎与樊笼，和谐共存，何须樊笼？又何须把老虎、权力关进制度笼子里？

入则鸣，不入则止。（有道者）无门可入，无药可医。一宅（载营魄抱一，不二法门）而寓，于不得已则几矣。

绝迹易，无行地难。被人使易以伪，为天所使则难以伪。听说过有翅膀飞的，没听说无翅膀飞的；闻以有知知者矣，未闻以无知知者也。

瞻彼阙者，虚室生白，吉祥止止。夫且不止，是之谓"坐驰"。夫徇耳目内通而外于心知（回光返照，如如不动），鬼神将来舍，而况人乎？此乃万物之化也，是禹、舜道之中枢，是伏羲、几蘧（古帝王）之所行终（善始善终），何况凡夫乎！**老庄孙子**：虚室生白是孔子说的！风动、幡动，心动。请问孔子性本什么？

老子的虚空是最究竟的。从宇宙观讲，老子认为宇宙是从无到有的，而现在宇宙科学的最前沿，宇宙是由一能量极大的粒子爆炸产生的,即宇宙大爆炸理论。最新理论由加拿大科学家于 2014 年 8 月 15 日提出的,认为我们现在的三维宇宙是起源于一颗毁灭后变成四维空间的恒星。总之都停留在"有"的层面。前不久科学界证实了上帝粒子即玻色子的存在,它是介于无和有之间的一种东西,没有质量但有能量。证明老子"无中生有"理论思想的正确。而且充分阐释"无以为用""虚无观妙有"的大道理。霍金说哲学死了,但他临死之前却说这世界是"无中生有"。

《道德经》第一章"体道":道可道,非常道;名可名,非常名。无,名天地之始;有,名万物之母。故常无,欲以观其妙;常有,欲以观其徼。此两者同谓之玄,玄之又玄,众妙之门。

第二章"养身":有无相生,难易相成,长短相形,高下相倾,音声相和,前后相随。**老庄孙子**:爱因斯坦相对论、黑格尔辩证法的绝对渊薮。更绝妙的是老子认为宇宙的终极是要归于无的!"大、远、逝、反","反者,道之动",循环往复,抟扶摇,以至于无穷。类似 DNA 链条。

第十一章"无用":三十辐共一毂,当(当中)其无,有车之用;埏埴以为器,当其无,有器之用;凿户牖以为室,当其无,有室之用。故有以为利,无以为用。**老庄孙子**:一切物质特别是生物都是中空的!如各种粒子、细胞。外直中空,荷之高洁。无用、利用的出处。

第十四章"赞玄":视之不见,名曰夷;听之不闻,名曰希;博之不得,名曰微。此三者不可至诘,故混而为一。其上不皎，其下不昧，绳绳兮不可名，复归于无极（物）。是谓无状之状，无物之象，是谓恍惚。迎之不见其首，随之不见其后（仰之弥高，钻之极深：颜回赞颂孔子）。执古之道，以御今之有，能知古始（宇宙的开始），是谓道纪。**老庄孙子**：宇宙万物的总纲。把宇宙、物理、光学以及光的衍射、粒子性、波动性、"道"的绝对性（爱因斯坦之绝对精神）表达得淋漓尽致！

至于人，老子思想的核心是法天、法地、法道、法自然。人要想达到彻悟、解脱究竟最关键的是"虚极静笃"！虚极静笃之后自然会生出大智慧、大慈悲、大愿力！孔子的格物知至、诚意正心、修齐治平，绝对是老子一脉！格者，正也，而非朱熹的"即物务理"！

第十六章"归根（我名曰虚静，不如河上公根本）"：致虚极，守静笃。万物并作，吾以观复（会当凌绝顶，一览众山小）。夫物芸芸，各复归其根，归根曰静。静曰复命。复命曰常，知常曰明（明心见性）。不知常，妄作凶。知常容（海纳百川），容乃公，公乃王，王乃天（天无不覆，地无不载），天乃道，道乃久，没身不殆。**老庄孙子**：真正的无余涅槃！长生久视之道（第59章）。2014年8月6日《阿尔赛报》报道：科学家破解大脑"灵光闪现"之谜，其关键还是"虚静"，真不虚也！若能"虚极静笃"则可现神通，什么他心通、天眼通、宿命通等等，即便如此，老子也讥之为"前识者，道之华而愚之始"！

关于不住色。色即地火水风，五行之金木水火土，八卦之天地日月水风雷山，以及物质的宇宙，人的身体组成。

第五章　如理实见

须菩提。于意云何？可以相成就见如来不？

须菩提言：不也。世尊。不可以相成就得见如来。何以故？如来所说相，即非相。

佛告须菩提：凡所有相，皆是妄语。若见诸相非相，则非妄语。如是诸相非相，则见如来。

如来，即佛祖的别称或法名。左右宇宙万物人类，即老子所谓"有物混成，先天地生，独立而不改，周行而不殆"，"强名之曰道"的那个。譬如北辰，如如不动，既不来也不去。

所谓"相"，是宇宙、万物、人类从无到有即老子所谓"无中生有"的那个"有"，庄子的"吹万不同"，释迦的三千大千世界，无始以来的具体事务，包括意识、感知，属于形而下的器用。

所以，不能以具体的相去对待抽象的道体如来。不能以偏概全，盲人摸象。从这个角度讲，释迦是反对偶像崇拜的。佛法僧也只是学道、知道、参道、悟道的方便法门。仅此而已。

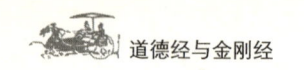

《楞严经》记载阿难执着佛相的故事。

释迦问阿难：你为什么跟我出家？

阿难：因为你相貌好，又发光。

释迦：你着相了，你是爱漂亮才出家的。**老庄孙子**：因此，阿难有遇见名妓摩登女郎便沉溺其中不能自拔一劫。

关于"虚妄"，是佛家对宇宙万有、客观存在及人生的"消极"看法，"无常"亦是。志在追求来世的飘逸和极乐世界及四大皆空的究竟，认为只有这样才是"实有"，才是真实的存在。把一切具相实物都说成泡影、虚幻、如露亦如电等诸事（世）无常。

恐怕不能为绝大多数人（众生）所接受。只看日落，不看日出。只讲精神不重物质。不如老庄甚至孔学来得好，道家是站在妇产科门口和太阳生发地看世界、人生。儒家《易经》之象、数、理，由象到数再到理，极具科学性。就是管仲也特别讲究"衣食足则知礼节，仓廪实而知荣辱"。

虽然人生比宇宙（137亿年）确实是如白驹过隙，但和人自比百八十年，那也是一段很宝贵的时光，能善始善终也不是一件容易的事。还是孔子来的实际"不知生焉知死；不事人，焉事鬼！"庄子也主张延年益寿，寿终正寝。

这就是东方文明特别是儒、道文化的特别性，承认世界的客观性和物质对人类的诱惑，主张活在当世，重视生命的可贵，追求积极的养生、长生、修养之道；修炼与教化并行，为了生命、自由、幸福、和谐、快乐，要求人们特别是君王们"少私寡欲，见素抱朴"、外物、"己欲立而立人，己欲达而达人"；当然也要求人们看破生死、解脱樊篱、物物而不物于物，目的是让人们更好更快乐地活着而非等待来世或死后到极乐世界。学道、参道、悟道，是为了更好地"参赞天地之化育"，而非全盘否定，全是虚妄、无常！真"东土震旦"也！

其实释迦牟尼一生的思想也是有变化的，绝不像后人所谓圣明得不得了！年轻时中年时的思想主流是"苦、集、灭、道"，而到了晚年则是"常、乐、我、净"，极其质的变化！有如孔子一生的闻道、求道、悟道"六十岁而六十化""乐天知命故无忧也有忧"。两人传经布道四十余载是既悲悯世人又乐在其中的。范仲淹的"居庙堂之高则忧其民，处江湖之远则思其君"即源于此。《诗经》之"知我者谓我心忧，不知我者谓我何求？"即此意。这才是真正的东方大乘气象，东方的极乐世界！是中华文明屹立于世界文明之林永久不倒且历久弥新、中国为什么行的根本原因。也是我们道路自信，思想、文化自信的根本所在！中华民族伟大复兴即在于此，不但要施若恒沙，更要传经布道！物质、精神双丰收。

《道德经》第六十二章"为道"：道者，万物之奥。善人之宝，不善人之所保。美言可以市，尊行可以加人。人之不善，何弃之有？故立天子，置三公。虽有拱璧以先驷马，不如坐进此道。古之所以贵此道者何？不曰：求以得，有罪以免，故为天下贵。

孔子的"小康社会""大同思想"，老子的"小国寡民""治大国如烹小鲜""黄帝的华胥国"等等都是对远古共产主义

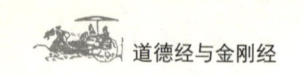

社会的客观具体记述，绝非虚幻、乌托邦！堪比释迦那一世之"极乐世界"。**老庄孙子**：最理想莫过于黄帝由梦想而变为现实的"华胥国"。《列子》中有非常详细的记载！

关于"心无所住"。六祖慧能大师说：布施应有纯净无染之心。一是，不求身相端严，即不假迷，北京人说端着，东北人说摆谱，演艺界说耍大牌，俗语牛逼哄哄；二是，不求五欲（眼耳鼻舌身）快乐。在内要破除铿吝心，在外要利一切众生。

以布施者"心无所住"，破解众生执着三有"我是布施者、对方是接受施者、布施的财物"，那才是大德。**老庄孙子**：既以与人己愈有，既以为人己愈多。现如今，能做到三有布施已是难能可贵！

佛祖的故事。《杂阿含经》记载：有一天，释迦来到了憍萨罗国，累了，便在一棵树下静坐。当时，有一位婆罗门看到地上的脚印很是特别，便寻踪而去，在足迹的尽头看到一人在静坐，显得清净、和悦、庄严，便问：你是天神吗？

释迦：不是。

婆罗门：你是龙、夜叉、阿修罗？

释迦：不是。

婆罗门：你是人吗？

释迦：不是。

婆罗门惊慌迷惑：那那那……你一定是非人。

释迦：不是。

婆罗门不解：那你究竟是谁？

第五章 如理实见

释迦：你所说的龙、夜叉、人、非人等等，都是由烦恼所生。我已度过一切世间痴迷的爱河，熄灭了炽燃的生死之火。我是出离三世的觉者。所以，我不是你所说的任何一类众生。

我是一朵白莲，出于污泥而不染；我虽为父母所生，却已超越了世间的尘垢；我历劫无数勤修苦行，已断除有为生灭的幻相、拔除烦恼的棘刺，究竟到达安乐恬适的彼岸。所以，我应该被称为佛陀。**老庄孙子**：孔子谦称自己连君子的标准都不够。

《庄子》"德充符"篇记录"心无所住"之人，说，鲁国有一位没有脚名曰王骀的大德之人，游学于他身边的弟子与孔子不相上下。**老庄孙子**：孔子当时有3000多弟子！

孔子弟子常季心有不甘质询孔子：哼！王骀，一个受刖刑断脚之人，何德何能，弟子之多竟然与您中分鲁国！真是岂有此理。他站着不讲课，坐着不讨论。人们却都空空而来，满载而归。难道真的有"不言之教，无形而心成之者也（不可思议，只可意会不可言传）？"他到底是个什么人啊？

仲尼（每到这时，庄子总直呼孔子之名！）：他，是位圣人啊！我孔丘也是心怡很久早就想去拜他为师了。我都将拜他为师，何况不如丘者乎！岂止是鲁国，我将引导天下英才拜倒在他的脚下。**老庄孙子**：应该是腿下，一笑。

常季：他一个断脚之人，竟然还高先生您一筹，那我们这些平庸之辈就更没有可比性了！既然如此，他所用心有何独到之处？

仲尼：人生之事莫大于死生，对他却没有丝毫影响；就

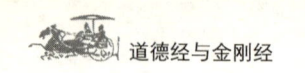

是天塌地陷也奈何不了他。处于无待的究竟恪守大道不随万物变迁。**老庄孙子**：老子之万物并作，吾以观复。庄子之物物而不物于物。

常季：什么意思？听不懂。

仲尼：自其异者视之，肝胆楚越也；自其同者视之，万物皆一也（庄子"齐物论"）。因此，就不应过于注重耳目（眼耳鼻舌身意）之宜，而应游心于大道的境域（与造物者游）。万物为一就无所谓得失，他失去一只脚就视同丢弃一块土块。**老庄孙子**：庄子之尘垢秕糠犹能陶铸尧舜。

常季有点开悟：他注重个人修养，以智慧证得心性，又以其心性进一步证得无分别心。那他又是如何聚集众生的呢？**老庄孙子**：内圣了，又怎样外王呢？

仲尼：人莫鉴于流水而鉴于止水。唯止能止众止（吉祥止止，稳如泰山，譬如北辰，止定）。就像万物都受命于地，唯独松柏得其正气，才四季常青；众生皆受命于天，唯尧舜独得其正，所以居万物之首。**老庄孙子**：老子之天得一以清，侯王得一以为天下正。

正己性然后才正人性。保持最根本的（朴、道、如来），以勇猛金刚之勇气（愿力），一介匹夫也敢雄入九军。一名将士仅仅为了求取功名，尚且如此，更何况主宰天地，包藏万物，以身体为寄寓，以耳目为幻相，以智慧之镜观照万物，心中又不存有生死念头之人呢（指王骀，生死都不伦，其伦更枉然）！况且，用不了多久王骀就会得道生登成仙，众生更会追随（黄帝是得道升天，仙及鸡犬），他又怎么会以世间俗事为物呢？**老庄孙子**：天下与我何为哉？此类至德之人在《庄子》《列子》中比比皆是！

关于形而下的相与形而上的道（孔子之形而下者谓之器，形而上者谓之道），还有一段精彩故事。故事发生在唐朝顺宗年间。

有一天，顺宗皇帝问佛光禅师：佛从哪里来？灭向何处去？经书上说佛常住人世，那佛现今又在何处？**老庄孙子**：一连三问。

佛光：佛从无为来，灭向无为去，法身等虚空，常住无心处。有念归无念，有住归无住，来为众生来，去为众生去。清净真如海，湛然体常住，智者善思维，更无生疑虑。**老庄孙子**：大智不虑。

顺宗不以为然，再问：佛向王宫生，灭向双林灭，住世四十九，又言无法说。山河与大海，天地及日月，时至皆尽归，谁言不生灭？疑情犹如斯，智者善分别。

佛光：佛体本无为，迷情妄分别，法身等虚空，未曾有生灭。有缘佛出世，无缘佛入灭，处处化众生，犹如水中月。非常亦非断，非生亦非灭，生亦未曾生，灭亦未曾灭，了见无心处，自然无法说。**老庄孙子**：一个说形下，一个说形上。风马牛不相及也！庄子之"夫道，有情有信，无为无形；可传而不可受，可得而不可见；自本自根，未有天地（前），自古以固存；神鬼神帝，生天生地；在太极之先而不为高，在六极之下而不为深，先天地生而不为久，长于上古而不为老。老子之有物混成，先天地生，独立而不改，周行而不殆"。

第六章　正信稀有

须菩提白佛言：世尊。颇有众生于未来世、末世，得闻如是修多罗章句，生实相不？

佛告须菩提：莫作是说："颇有众生于未来世、末世，得闻如是修多罗章句，生实相不？"

佛复告须菩提：有未来世、末世，有菩萨摩诃萨，法欲灭时，有持戒、修福德、智慧者，于此修多罗章句，能生信心，以此为实。

佛复告须菩提：当知彼菩萨摩诃萨，非于一佛，二佛，三、四、五佛所修行供养，非于一佛，二佛，三、四、五佛所而种善根。

佛复告须菩提：已于无量百千万诸佛所修行供养，无量百千万诸佛所种诸善根，闻是修多罗，乃至一念，能生净信。

须菩提。如来悉知是诸众生，如来悉见是诸众生。

须菩提。是诸菩提生如是无量福德聚，取如是无量福德。

第六章 正信稀有

何以故？须菩提。是诸菩萨无复我相、众生相、人相、寿者相。

须菩提。是诸菩萨无法相，亦非无法相；无相，亦非无相。

何以故？须菩提。是诸菩萨若取法相，则为着我、人、众生、寿者。须菩提。若是菩萨有法相，著我相、人相、众生相、寿者相。

何以故？须菩提。不应取法，非不取法。以是义故，如来常说《筏喻》法门："是法应舍，非舍法故。"

须菩提白佛言：世尊！颇有众生得闻如是言说章句，生实信不？

佛告须菩提：莫作是说。如来灭后后500岁（佛祖圆寂后2000—2500年），有持戒修福者，于此章句能生信心，以此为实。当知是人不于一佛，二、三、四、五佛而种善根，已于无量千万佛所种诸善根，闻是章句，乃至一念生净心（信？）者，须菩提！如来悉知悉见，是诸众生得如是无量福德。

何以故？是诸众生无复我、人、众生、寿者相，无法相，亦无非法相。

何以故？是诸众生，若心取相，即为着我、人、众生、寿者相。若取法相，即着我、人、众生、寿者（相）。

何以故？若取非法相，即着我、人、众生、寿者（相）。是故，不应取法相，不应取非法（相）。

以是义故，如来常说汝等比丘知我说如筏喻者，法尚

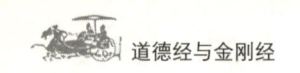

应舍,何况非法?老庄孙子:释迦所说"末法时代"即现代当下。

佛祖认真自卑了一把!圣人们都有此感慨。他们这些说教,后人有人相信吗?释迦回答:在我死后2500年左右肯定有人理解、信奉它的!释迦言重了。不用说佛祖拈花、迦叶微笑,衣钵、袈裟代有正传,单单一位六祖就足以让释迦破涕为笑!如释迦所说,六祖确实是众生中再普通不过的一个,一介樵夫,个子又小,长得又难看,五祖都骂他为"獦獠",能顿悟、明心见性,净信而得其衣钵传承,使禅宗在中华大地上传承,更加繁荣兴盛。释迦知道吗?当然知道"如来悉知悉见"!但比他的寓言早了1500年!还有朱元璋,也是位悟道者,由一乞丐而为圣王,不仅能施若恒沙,亦能传经布道!

老子也是多有感慨:太上不知有之;大言希声、大象无形、道隐无名;希言自然;吾道甚易知、甚易行,天下莫能知、莫能行;知我者贵,则我者希啊!不得已,他老人家只能"被褐怀玉,珞珞如石,独顽且鄙",无奈何,骑青牛,西域流沙寻求他的"道"之传承者。

孔子更是!终生不得志,一会儿"道之不行,乘桴浮于海",却原来,孔子是跟释迦学的,坐船漂泊在人生苦海里,不知哪里是岸;一会儿要去蛮夷不毛之地;一会儿又"知我者,唯天也?"

庄子则幽默许多。即使几万年后有人知遇他,那也不过是"白驹过隙"刹那而已,是真逍遥、在宥、洒脱!原文:"齐物论"篇，万世（30万年、释迦是2500年！）之后而一遇大圣，知其所解，也只是旦暮遇之尔！

知与不知与我何干，跟我有什么关系！当然，早在魏晋南北朝时期，庄子影响就已大放异彩。只可惜，仅仅是清谈、玄学。是变了味的不食人间烟火。

释迦还说：谁要是知了我的道，谁就有福气而且是无量福气"得如是无量福德"，有推销嫌疑，如老子之"乐与饵，过客止"。

接下来，释迦自问自答：这是为什么呢？

因为有人无所执，既不执着于我、人、众生、寿者，缺了个"相"，还加了两个形而上的不执着于法相、非法相。其实就是六祖说的"本自具足"，也即老子之"百姓皆谓我自然"。**老庄孙子**：此"非法"非今日之非法也。也有教外别传之意。

所谓"法"，是指佛家特别是释迦牟尼所讲的一切说法和经文。非法，当然是释迦以外的所谓"邪魔外道"。其实，释迦自己走的就是"邪魔外道"，讲经49年还说一言未发，不得已，教外别传，他拈花，迦叶微笑，衣钵才得以传承。当然也有警示弟子们不要有所执的一面，即立即破，直到不有、不无、虚空粉碎、空灵寂静、涅槃的究竟。这就是禅宗的教外别传、心心相印的不二法门！

老子则是没弟子值得一传。160多岁也没找着，也是不得已，骑上一头年岁很高的青牛，恍兮忽兮、忽兮恍兮、慢慢腾腾、优哉游哉地开始了西行漫记。结果，他这一恍惚不要紧，原形毕露，精气外泄，紫气东来啊！关令尹喜张网以待（老子的天网恢恢，连自己也没漏掉），逮了个正着。这还了得！千载难逢，赶紧黄土铺路，清水洒街，列队迎接，入住国宾馆，好吃好喝好招待，实际是软禁。不得已，老子也觉得尹喜是位有道之人，竖子可教，可造之才，于是写下《道德经》五千言，又传授给他一些悟道、修道经验，直到尹喜心满意足，才依依不舍地将老子送上西域流沙漫漫寻求真传弟子之路。这也是本书探讨释迦于老子异同之渊源所在。

其实，老子的第一位弟子是庚桑楚，一直跟随老子，也得了些老子真传。《庄子》"杂篇"专设庚桑楚一章。说：老子的弟子，有一位叫庚桑楚的，独得老子之道，而后隐居于北方鲁国的畏垒山上。他手下，凡有智慧者，妻妾中有仁义者，都离他而去（老子之绝圣弃智，绝仁弃义）。留下的都是"糊涂""混沌""在宥"一类的人物。三年时间，畏垒地区的人们丰衣足食，其乐融融。人民相互称颂"庚桑楚子（尊称）之始来，散漫之至，我们惊奇惧怕，敬而远之。现如今，我们所得的收获日益丰富，年年有余。他就是传说中的圣人吧？他为什么不去做君王治理天下让人民祭祀、供奉呢？"老庄孙子：其神凝，使物不疵疠而年谷熟。

庚桑楚得知，心情极不愉快。弟子们惊异。

庚桑楚：你们有什么惊诧的？夫春天阳气升发而百草生长，秋天阴气下降丰收在望。这是为什么呢？是天道运行的结果。我听说，古之至人，尸居环堵之室（寂静无为，黄帝筑特室居三月以悟道），百姓们则随心所欲鼓腹而游（虚心

第六章　正信稀有

实腹，弱志强骨）。现在，畏垒的人们却想抬举我置我于不义之贤圣浪名，立我为标杆！我还配做老子弟子吗？

弟子：不然！小沟河容不了大鱼，小鱼却优哉游哉；低矮之丘陵，巨兽不能隐其身，而狐妖却以为祥。所以，尊贤任能，赏善施利，自古尧舜都是这样做的，更何况畏垒之平民百姓呢？希望您尊重民意。

庚桑楚：你过来，我告诉你，再凶猛的野兽，一旦离开它的领地，就难以逃脱猎人的网罟；鲸鲨之鱼，一旦离开海洋，蝼蚁都可以欺负它。所以，鸟兽不厌高远，鱼鳖不厌深渊，为的就是躲避人祸。故此，要想保全生命和本真的人也是唯恐隐之不远不深的！尧舜二人又何足称道焉？**老庄孙子：**中国古代的得道大隐们之于贤者、能人、小善、小利的分辨，就像凿毁城墙而以杂草蓬蒿为屏障一样，一根一根梳理头发，一粒一粒数米下锅，如此斤斤计较、雕虫小技怎么会济世救人呢？

你可知，举贤则民倾轧，任智则民相盗，所有这些都不足以使民众淳厚。众生追求利益如此迫切，以至于臣弑君、子杀父，光天化日之下抢劫、强奸、杀人、越货、爆炸、恐怖。我告诉你！大乱之本，必生于尧舜之间，而其流弊殃及千世之后。千年之后，必然会出现人吃人的社会！**老庄孙子：**多么振聋发聩，千古真言！看看现在的世界，物欲横流、道德败坏、腐败泛滥、弱肉强食、生灵涂炭、牲口哲学等等。

庚桑楚不愧老子弟子，"天下多忌讳，而民弥贫；民多利器，国家滋昏；人多伎巧，奇物滋起；法令滋彰，盗贼多有"；"驰骋畋猎令人心发狂，难得之货令人行妨"；"大道废，有仁义；智慧出，有大伪；六亲不和，有孝慈；国家混乱，有忠臣"。所以必须"绝圣弃智，民利百倍；绝仁弃义，民复孝慈；绝巧弃利，盗贼无有！"必须"不尚贤，使民不争；不贵难得之货，使民不为盗；不见可欲，使民心不乱"！

干脆，再浪费点读者的时间，把庚桑楚彻底说完，看看庚桑楚比老子究竟差在何处，就在"究竟"二字！

这时，庚桑楚的另一弟子南荣趎突然正襟危坐（原来是隐机而坐，有道者的一贯风范）不安地问：像我这样年纪很大者，怎样托付于你所说的大道呢？

庚桑楚：全汝形，抱汝性，无使思虑营营。如此三年，基本可以到达我说的境界了。**老庄孙子**：形全、才全、德不形。

南荣趎：眼睛的形状都那样，可是瞎子却看不见；耳朵的形状也类似，可是聋子却听不见；心脏的形状大同小异，可是疯子却不能得道（好一个偷换概念）。形似功异，是不是被什么东西堵塞住了？我无法领悟。你现在却叫我"全汝形，抱汝性，勿使汝思虑营营"。我能勉强听闻入耳，可无法了悟于心。**老庄孙子**：无思无虑始知道。

庚桑楚：好了！好了！小蜜蜂不能转化大青虫，小鸡子不能孵化鸿鹄之卵，而大鸡则能。鸡与鸡，本质虽无不同，但能力却有大小之别。我就是那小鸡子，能力有限，不足以教化你。好了，你还是到南方楚地去见我的老师老子去吧！

于是，南荣趎背着干粮走了七天七夜，终于见到了老子。

老子：你是从庚桑楚那里来的吗？**老庄孙子**：先见之明！老子说："前识者，道之华而愚之始。"

南荣趎：是。

老子：你怎么同这么多（人）一起来啊？**老庄孙子**：真正的禅宗鼻祖！禅机、话头。二祖"安心"之渊薮！

南荣趎慌忙回顾，一个人没有！惊呆了。

老子：你不知道我所说的是什么吗？

南荣趎低下头惭愧之极，又仰头而叹：现在，我不知怎么回答，因为我忘了我要问的问题。

老子：怎么讲？

南荣趎：没有智巧吧，人们说我愚蠢；有智巧吧，反而愁坏了我的身心。不仁道吧，害了别人；仁道吧，愁煞自己。不义气吧伤人，义气吧伤己。这就是我一直弄不明白的三个问题。您说，我到底该怎么办？还希望您看在庚桑楚的面子给予指教。

老子：刚才，我看了你的眉宇之间的神色就知了你的心事，现在从你的话语中又得到了证实。你无所适从的样子，就像失去了父母的孩子，又像拿着短短的竹竿去探测大海的深度。你是个迷失本性的人啊！茫然无所知。你想返回到你本有的情性，可惜又不得其门而入，确实可怜啊！**老庄孙子**：八万四千法门，一门不门。"相由心主"源于老子。

南荣趎请求留在老子那里，修行自以为好的，去除自以为坏的。禁闭反省了10天，又去见老子。

老子：你自省（涤除玄鉴）多日，确有气象，但还有滞塞之处。你可知，耳目（眼耳鼻舌身意）执着于外物将会迷惑内心。如果内心不清明，就难以了知外界。内外都迷糊，有道之人都难以自持，更何况你这样初学之人呢？**老庄孙子**：老子还说"塞其兑，闭其门，终身不勤（竭）；开其兑，济其事，终身不救"。《六祖坛经》"坐禅品"：何谓"坐禅"？此法门中，无障无碍，外于一切善恶境界。心念不起，名为坐；内见自性不动，名为禅。何谓"禅定"？外离相为禅，内不乱为定。外禅内定，是谓禅定。外若着相，内心即乱；外若离相，心即不乱。本性自净自定，只为见镜，思境即乱。若见诸境而心不乱者，是真定也。樱宁，樱而后成者也。

南荣趎：乡里人有病，友人去探问，他还能说出自己的病情，这个病人还不算大病。**老庄孙子**：老子说"圣人病病，是以不病"。

而我听闻大道，则如得病吃药反而病情加重，所以，我是不配听闻大道的。我这把年纪了，只想听听养生（卫生）之道以了此残生。

老子：卫生之经，能抱一乎（载营魄抱一）？能勿失乎？能无卜筮而知吉凶乎（荀子：善易者不卜）？能止（止于至善）乎？能已乎（知足）？能舍诸人而求诸己乎（回光返照）？能翛然（逍遥、在宥）乎？能侗然乎（无知无识）？能儿子乎（抟气致柔）？儿子终日嗥而嗌不嗄，和之至也；终日握而手不掜，共其德也；终日视而不瞚，偏不在外也。行不知所之，居不知所为，与物逶迤而同其波。是卫生之经已。老

庄孙子：老子《道德经》第五十五章"玄符"：含德之厚，比于赤子。蜂虿虺蛇不螫，猛兽不据，攫鸟不搏。骨弱筋柔而握固。未知牝牡之合而朘作，精之至也。终日号而不嗄，和之至也。知和曰常，知常曰明，益生曰祥，心使气曰强。物壮则老，谓之不道，不道早已！何其一致！

南荣趎：这就是至人之德吗？

老子：非也！是乃所谓冰冻溶化而已。**老庄孙子**：《道德经》第十五章"显德"：古之善为道者九种表现之一"涣兮若冰之将释"。

所谓至人者，以地为食，以天为乐，不被人、物、利、害搅扰，不怪、不谋、不事。**老庄孙子**：庄子说：无为事任，无为谋府。

倏然而来，侗然而往。是谓卫生之经已。

南荣趎：这是至道吗？

老子：未也！我不是已经告诉你了吗？"能儿子乎？"儿子动不知所为，行不知之所之，身若槁木之枝而心若死灰。**老庄孙子**：《庄子》中多次出现修道的境界。

若是者，祸亦不至，福亦不来。**老庄孙子**：《道德经》：祸兮福之所倚，福兮祸之所伏。

福祸无有，怎么会有人灾呢？

下面还有很长一段，不知是老子言还是庄子说，待考。也很精致！

庚桑楚是老子前期弟子的代表。如孔子、杨朱等只是几次求道，并未在身边长随。其实，道家有单传的嫌疑且比较

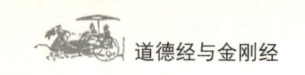

神秘如黄石公传张良《素书》等，不如佛家衣钵传承那样具体明晰。这恐怕也是佛学在中国大放异彩的又一重要原因！

孔学则比较惨，虽一直是左右中国政坛、民间的显学，而传承得却很不好，甚至说没有正传，八脉尽枝叶！皇家所用也大多是"内用黄老，外示儒术"，"示"和"术"而已！董仲舒是其代表，"罢黜百家，独尊儒术"。汉朝特别是汉武帝，是独尊儒术吗？大疑！更不用说秦始皇的"焚书坑儒"，程朱理学以及王阳明心学的跑偏。"文化大革命""批林批孔"，使中华文明最优秀最广博深厚的传统文化受到毁灭性冲击、破坏、摧残！罪莫大焉！无语独上西楼，月如钩，寂寞梧桐深夜锁清秋……这使我想起了当今（2014年8月）美国的文化战略！美国大学入学（包括全球考美国大学者）考试改革：将美国的建国文献和公民权利给予特别重视！让学子们把曾用于学习二次方程的热情和坚韧来研读《独立宣言》和《人权法案》！就那么300多年的历史，还要加倍地得瑟，**我们怎么办**？

说说"信"吧。在《金刚经》第五章中，梁太子说的是"正信"，须菩提说的是"实信"，释迦说的是"信心"，星云大师解的是"真实信心，即信实、信德、信能"。如释迦所说：实有其人，道德圆满，又确实能帮助众生解脱烦恼，超越自我，是能力。

老子之信。

"言善信"，说的是说话要算数，要有信用，言而有信。

"虚极静笃"之笃，是诚实净（静）心到了极致自然生出大智慧！

"信不足焉，有不信焉"，诚信不足，不靠谱，百姓、众生当然不信服。

老子描述道"其精甚真，其中有信"，是信号、信息之意，表达"道"真实存在。

"夫礼者，忠信之薄而乱之始"，即孔子汲汲于"仁义礼智信"之信等等。

"诚、信"，二者有机联系，有诚才有信，无信则不诚。孔子论述的最为明晰！"诚者，天之道；诚之者，人之道也。诚者，不勉而中，不思而得，从容中道。"这是圣人。"诚之者，择善而固执之者也。自诚明，谓之性；自明诚，谓之教。诚则明矣，明则诚矣！"**老庄孙子**：即六祖的"顿悟与渐悟"，所谓"顿悟"，我于五祖弘忍大师处，一闻《金刚经》之"应无所住而生其心"便言下大悟，顿见真如本性；如果不能顿悟，须觅大善知识，解最上乘法者，直示正路，化导令得见性。

圣人、众生、顿渐。圣人是德无不实，明无不照，明心见性，普度众生；众生则是必须诚而信之，要有金刚之毅力，"天行健""逝者如斯"的精神，精诚所至，勇往直前，自强不息，直至明心见性，再生发出大慈大悲的胸怀，反哺社会，利益群生。

孔子孙子子思说：为天下之至诚，为能尽其性；能尽其性，则能尽人之性；能尽人之性，则能尽物之性；能尽物之性，则可以赞天地之化育，则可以与天地参（三）矣！**老庄**

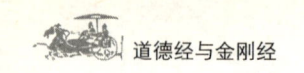

孙子：参者，三也，天地人三才之谓也。即释迦之"顶天立地，唯我独尊"也。我者，得道之大我、真我、真如、真理。一切众生皆有，只是被世态、外物所迷惑，需要拨开云雾见日月。

子思还说：至诚之道可以前知（老子是：前识者道之华而愚之始），至诚如神。诚者，自成也。不诚无物。至诚无息，不息则久，久则征（征验，其精甚真，其中有信），征则悠远，悠远则博厚，博厚则高明。博厚，所以载物也；高明，所以覆物也。悠久，所以成物也。博厚配地，高明配天，悠久无疆。能如此者，不见而彰，不动而变，无为而成。**老庄孙子**：能如此者，岂止成道、成佛？无为无所不为矣！厚德载物的出处。

老子随后说：圣人无常心，以百姓心为心。善者吾善之，不善者吾亦善之，德善（至善！）；（诚）信者吾信之，不信者吾亦信之，得信（大信！）。圣人于天下，歙歙焉（覆盖），为天下浑其心（混沌、淳厚）。百姓（众生）皆注其耳目（眼耳鼻舌身意，有此生发的六尘、六根、六意、五蕴、十恶等等），圣人皆孩之。**老庄孙子**：多大的慈悲胸怀！

《老子》最后说：轻诺必寡信，多易必多难；信言不美，美言不信。

所以，释迦又很明智，一竿子支到2500年以后，确实，让人没法不信！就因为"圣人（老子、释迦、孔子、维摩诘、庄子都是）不积，既已为人己愈有，既已与人己愈多"啊！所以"天之道，利而不害；圣人之道，为而不争"！**老庄孙**

第六章　正信稀有

子：普度众生。

对于众生的教诲，阿难有一偈：诸恶莫做，众善奉行；自净其意，是诸佛教，即"莫以善小而不为，莫以恶小而为之"。俗语，但行好事，问心无愧，半夜鬼敲门也不惊！

关于"法相""非法相"，借助两个公案予以说明。

日本临济宗(从中国传去，六祖一脉)初祖荣西禅师（公元1141—1215年）的公案。

一个严寒的冬天，大雪纷飞，都三天了，还没有停歇的迹象。一个乞丐去敲禅师门，冻得浑身发抖嘴带颤音：禅师，接济接济吧！我和妻儿已多日粒米未进，又疾病缠身。

禅师见罢，顿生悲悯之心，可是庙里也无多余食物，他也在挨饿，财物也无，怎么办呢？忽然，他想起了准备给佛像涂贴的金箔！于是他毫不犹豫地拿了一些给了乞丐。

这下，弟子们急了，集体抗议：那金箔是供养佛祖的！你怎么能随意送人？

禅师平静地说：我正是尊敬佛祖才这样做的。

弟子们愤怒：你拿供养佛祖的金箔，还愣说是敬佛，这是大不敬！

禅师大喝：你们可知？佛祖为众生舍身喂虎！你们只看到金像的佛像，为什么看不到佛祖的心？

傅大士有偈为证：三佛威仪总不真，眼中童子面前人；若能信得家中宝，啼鸟山花一样春。

借一段南师讲孔子的故事。老庄孙子：故事内容《庄子》《论语》《列子》《孔子家语》《史记》中都没有记载，陈

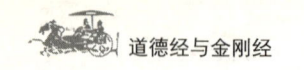

蔡绝粮那是处处可见，仅在《庄子》里就有七八次之多。

话说孔子绝粮于陈国、蔡国之间，七天不火食。弟子们建议向对面那个有钱人借米。

孔子勉强答应：谁去呀？

子路一向是爱冲动的人，抢先去了。

敲开门，那富人问：你可是对面落难之人？

子路爽快：是！

富人：孔丘是你先生？

子路：是！

富人：那我考考你。于是写了一个"真"字，说，认得就借，否则走人！

子路大笑，开什么玩笑，这不是真假的真吗！

那人随手把门一关，子路吃了闭门羹。一头雾水，回到山上，说给了孔子。

孔子：这都什么时候了？你还认个什么"真"？不要再认真了！

子贡说，我去！

子贡吸取子路教训，直接告诉富人那字是"假"。

富人话都没说就把子贡关在门外。

子贡无奈，回还，报告孔子。

孔子：唉！你呀，有时候还是要认"真"的！**老庄孙子：假亦真来真亦假，人生就是如此无常。**

第七章　无得无说

须菩提！于意云何？如来得阿耨多罗三藐三菩提耶？如来有所说法耶？

须菩提：如我解佛所说义，无有定法名阿耨多罗三藐三菩提，亦无有定法，如来可说。

何以故？如来所说法，皆不可取，不可说，非法，非非法。老庄孙子：道可道，非常道；名可名，非常名。

所以者何？一切圣贤，皆以无（有）为法而有差别。

所谓阿耨多罗三藐三菩提，就是老子说的"道"，且只是"其人之道"，即觉悟。《金刚经》通篇都是释迦牟尼的一次讲课，只是后人为了方便而分为32章。

所谓"无为法"就是老子的"虚极静笃"后的那个无为的自性清净、无所不知、无所不晓、无所不照的境界。

本章还是再一次强调不要有所"执"，即使是觉悟、智慧、虚空都不要执着。是三番五次，五次三番，没完没了，占去了偌大篇幅。无非就是老子六字真言"道可道非常道"

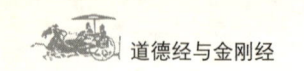

而已！就是释迦一再所说：传经布道49年一言未发，纯是方便而已。这种方便、譬喻、解释，圣贤们都有，但只有庄子用得最好，最为极致！绝对是前无古人后无来者。

所谓差别，就比如圣人们都是金子，纯度都一样，只是量的多少不同。

本章标题起得也好《无得无说》，如六祖所言"本自具足"，不能外求，即释迦之"不可思议，不可言说"；庄子之"只可意会不可言传，得意妄言，得鱼忘筌。至人无名，神人无功，圣人不言"；颜回的"得意忘形""坐忘"；

老子的：太上不知有之，上德不德是以有德。

孔子的不言之教，桃李不言，自下成蹊。**老庄孙子**：心得，心印，莫逆之交。是诸葛亮的"大梦谁先觉？平生我自知；草堂春睡足，窗外日迟迟"。夹山禅师的偈："明明无悟法，悟法却迷人；长舒两脚睡，无伪亦无真。"

几个故事。

有一天，释迦来到清澈的孙陀利河边，有一婆罗门住在附近，他以为释迦要到河里洗澡，急忙跑过去。

婆罗门：您要洗浴吗？

释迦：在此河里洗浴有何益处？

婆罗门：很久以前，有位仙人在此度化众生，如果您以此水洗浴，则可消除一切罪业，获得清净、吉祥。

释迦微笑：世间的河水，只能洗去我们身体的污浊、铅华。就是洗上百千年，也无法洗除内心烦恼的尘垢。要洗除内心的烦恼非清净的法水不可。**老庄孙子**：斋戒与心斋。

婆罗门：那清净的法水在哪里？

释迦：保持清净的心，守持不杀生、不偷盗、不淫邪、不妄语、不饮酒的五戒，深信因果罪福之力，不贪、不嗔、不痴，这就是清净的法水，以此才能洗去内心的烦恼尘垢。**老庄孙子**：佛祖也是由小乘到大乘。

《庄子》"达生"篇中孔子的故事。

有一次，孔子到吕梁观光，看见一大瀑布，高三十几丈，冲击四射的泡沫浪花飞溅出四十多里，鱼鳖都不能从这里游过。突然，孔子看到一个男子在河里扑腾，以为溺水之人，赶紧喊弟子们救人。只见那人在数百米之外才露出头来，竟披发上岸，很是悠闲，还唱着歌！孔子诧异，紧跑过去，以为是鬼，要看个究竟。近前一看，是个大活人！孔子平静了一下心情，问：兄弟，你这是闹什么了？

那人：我在游泳啊！怎么了？

孔子：在这里？用手一指激流漩涡。

那人：是啊！怎么了？

孔子摇摇头：就这激流险滩？你肯定有诀窍！

那人：没什么诀窍，习惯而已。轻描淡写。

孔子不信：讲讲，肯定有！

那人不得已：我小时候喜欢玩水，就像你喜欢玩死人家家（游戏）一样，久而久之，长大了，就习惯了，到了现在，水我合一，跟漩涡而入，随浪花而出，顺水而已，从不刻意与水叫板，纯粹是顺其自然，仅此而已。如果说是有点道行，就这样。

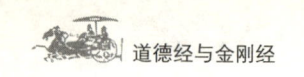

孔子不过瘾，紧追不舍：请再讲讲，什么是习惯、习性、顺其自然？

那人：你这老头，真有意思！好吧，那我就勉强给你讲讲。譬如说，我生活在高原就安于高原的生活，心无旁骛，这就是习惯；在水边长大就安于水上生活，久已成性，习以为常，这就是习性；只知其然，不知所以然，我就是这样活到了今天，这就是顺其自然。老庄孙子：随遇而安，因任自然，习以为常；一以贯之；无可无不可，无在无不在。

其实，释迦《金刚经》所说都是求佛、悟道的大乘的最高境界。至于众生、小道们，要想参禅悟道，必须经历有住、有待、有求、有相的一个过程，直到"其神凝""一以贯之"，最终达到解脱、万缘放下、一念不生、虚极静笃、由小乘到大乘的究竟涅槃！即是六祖大师兄神秀"身若菩提树，心若明镜台；常常勤拂拭，不让惹尘埃"的渐悟过程。至于六祖之"菩提本无树，明镜亦非台；本来无一物，何处惹尘埃"的顿悟，那只是千古一人！

如何为一？再拿孔子说事，因为他就是渐悟的典范。

还是《庄子》"达生"篇：孔子去楚国游学。路过一片树林，看见一驼背老人在捕蝉，手到擒来，易如反掌。

孔子诧异，上前问道（孔子真是太好学了！）：打扰，老人家！您也太灵巧了！有什么诀窍吗？

老人放下长长的竹竿，看了孔子一眼，慢慢答道：干什么会没有诀窍呢？

孔子很虔诚：能不能给我们讲讲？

老人掏出一个野猪皮做的烟荷包,把自制的楷木烟斗塞进烟荷包里,用手指捏了捏,拽出来,用火石打着了艾草,点上烟斗,深深地吸了一口,顿了顿,慢慢吐出圈圈烟雾,很是陶醉,看着孔子:我是这么练的,先在竹竿竿头放两个弹丸,练习半年,不掉,这样去捕蝉,逃之一二;放三个弹丸而不掉,逃之者不足十一;五个弹丸不掉,那捕蝉就像用手拿一样,十拿十稳。至于我的身体就像一个枯树桩一动不动,手臂高举竹竿就像枯树枝纹丝不动。虽然有天地之大、万物之多,而我的心却无旁骛,一心只在捕蝉上,怎么会不唾手可得呢?说完,得意地笑了笑,又深深地吸了一口烟,从两个鼻孔丝丝地冒了出来。

孔子愈发地弯下腰来,告诫弟子们:用心专一,静气凝神而无所不得,说的就是这位老人啊!**老庄孙子**:孔子曰"吾道一以贯之"。

老子论"一"。

《道德经》第三十九章"法本":昔之得一者。地得一以宁;神得一以灵;谷得一以盈;万物得一以生;侯王得一以为天下正。

关于"非法、非非法"。

《道德经》第二十一章"虚心":孔德之容,惟道是从。道之为物(东西),惟恍惟惚。惚兮恍兮,其中有象;恍兮惚兮,其中有物。窈兮冥兮,其中有精;其精甚真,其中有信。自古及今,其名不去,以阅众甫(众生)。吾何以知众甫之状哉?以此!

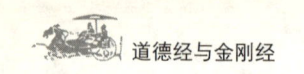

第二十五章"象无"：有物混成，先天地生。寂兮寥兮，独立而不改，周行而不殆，可以为天地母。吾不知其名，故强字之曰"道"，强为之名曰"大"。"大曰逝，逝曰远，远曰反。故道大、天大、地大、王亦大。域中有四大而王居其一焉。人法地、地法天、天法道、道法自然。"**老庄孙子**：自然而然。

释迦之既不是这"法"，也不是那"非法"，连非法也不是"非非法"，那到底是什么呢？

《庄子》"齐物论"：庄子说，夫道，未始有封也；言未始有常也。因为人为，才有伪也，才有是非也，才有爱憎也。**老庄孙子**：才有非法、非非法也！"道"是不能界定的。

有左、有右，有伦、有义，有分、有辨，有竞、有争，此之谓"八得"。六合之外，圣人存而不论；六合之内，圣人论而不议。《春秋》经世先王之志，圣人议而不辩。**老庄孙子**：注意！庄子说孔子是圣人！所以，孔子述而不作才祖述尧舜宪章文武。

故，分也者，有不分也；辩也者，有不辩也。有人问：为何？庄子答曰：圣人怀之，众生辩之，以示相互夸耀。所以说，辩也者，有不见也。**老庄孙子**：世上万物是永远说不清、辨不明的。不是吗？人类认识宇宙和人自己不足5%！

所以，大道不称，大辩不言，大仁不仁，大廉不谦，大勇不忮。反之，道昭（昭然若揭，如孔子汲汲与仁义似敲鼓追逃）而不道，言辩而不及，仁常而不成（一用而已，只可一宿，不可久居），廉清而不信（水至清则无鱼。老子之廉而不刿），勇忮而不成（子路之勇，只有死路一条）。此五者，圆而几方矣。**老庄孙子**：大方无隅，不得已内方外圆，其究竟是"内和外就"。

所以，知止（知止然后有定）其所不知（至善），至矣！孰知不言之辩，不道之道？如有能知者，可谓之"天府"。如大海，注焉而不满，酌焉而不竭，而不知其所由来，此之谓"葆光"。**老庄孙子**：和其光，同其尘，挫其锐，解其纷。永葆青春，长生久视之道。

庄子怕大家不懂，随后讲了一个故事：故，昔者尧帝曾向舜资政"我想讨伐宗脍、胥、敖这三个不听话的小国，总不能释怀，都快成了心病。是什么原因？"

舜：这三个小国之君就像生长在蓬蒿艾草之间的小虫、细菌一样可视而不见，不足挂齿，芝麻大点事，至于你如此不释怀？你可知，从前，天上有十个太阳并行，万物皆照，又何况圣人之大德远超于十日呢？

庄子在"天道"篇继续论述：天道运而无所积（老子之圣人不积，既已为人己愈有，既已与人己愈多；天之道，其犹张弓乎），故万物成；帝道运而无所积，天下归；圣道运而无所积，故海内服。

明于天，通于圣，六通四辟（六合通达，四时顺畅）于帝王之德者，其自为也，昧然（三昧）无不静者矣（如如不动，如来，不去）！不是单单为静，善在其中矣（绝非小乘）！万物不足以扰其心，故静也。水静则明照须眉，是因为平中准（水平、中的、中和、中道），所以大匠取法。

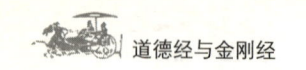

水静犹明，何况精神？圣人之心极静！天地之鉴，万物之镜。所以，虚静恬淡寂寞无为者，是天地之平准、道德之至也。所以。帝王、圣人法之而休（息心休虑）焉！休则虚，虚则实（真如、真有），实则伦矣；虚则静，静则动，动则得矣。静则无为，无为也，则任事者责（负责、尽责）矣。无为则愉愉。愉愉者，忧患不能处，年寿长矣。

　　所以，虚静恬淡寂寞无为者，万物之本也（何况人）。明此道者南向（皇位），尧之所以为君王也；明此道者北面，舜之所以为臣也。以此处上，帝王天子之德也；以此处下，玄圣素王（孔子）之道也；以此退居闲游，江海山林之士服；以此进为而抚世，则功大名显而一统天下也。老庄孙子：无为无不为。

　　静而圣，动而王，无为也而尊，朴素（见素抱朴）而天下莫能与之争美。

　　夫明白于天地之德者，此之谓大本大宗。与天和者，所以均调天下，与人和者也。与天和者，谓之天乐；与人和者，谓之人乐。

　　庄子感而叹之：我的大宗师啊！我的大宗师！齑粉万物而不为戾；泽及万世而不为仁；长于上古而不为寿；覆载天地，刻雕众形而不为巧。此之谓天乐！

　　故曰，知天乐者，其生也天行，其死也物化。静而与阴同德，动而与阳同波；无天怨，无人非，无物累，无鬼责；其动也天，静也地，一心定而王天下；其鬼不祟，其魂不疲，一心定而万物服。以虚静推及于天地，通于万物，此之谓天乐。天乐者，圣人之心以畜（养育）天下也！**老庄孙子**：乐天知命无忧乎？有忧乎？

庄子做梦。昔者庄周梦为蝴蝶，栩栩然蝴蝶也，自娱适志欤！不知周也。俄而觉，则蘧蘧然周也！不知周之梦为蝴蝶欤？抑或蝴蝶之梦周耶？周与蝴蝶，则必有分耶？此之谓物化。**老庄孙子**：有分（梁太子给《金刚经》分章的分，如下章"依法出生"分）则化万物，参赞天地之化育，无分则齐万物以为一。

第八章　依法出生

须菩提！于意云何，若人满三千大千世界七宝，是人所得福德，宁为多不？

须菩提：甚多！世尊！

何以故？是福德即非福德性，是故如来说福德多。

若复有人，于此经中受持，乃至四句偈等，为他人说，其福胜彼。

何以故？须菩提！一切诸佛及阿耨多罗三藐三菩提法，皆从此经出。

此章，释迦用了极为夸张的手法再一次表明"施若恒沙不若传经布道"。同时强调此经即《金刚经》是佛教万法乃至一切诸佛之渊源！

这是释迦的一贯。一个优秀的演说家用的最多的词汇是名词和形容词。此言不虚！

释迦所要表达的和老子一脉！只是老子更平实、简约、可行。

《道德经》第六十二章"**为道**"：道者万物之奥（妙）。善人之宝，不善人之所保。美言可以市，尊（释迦者也），行可以嘉人。人之不善何弃之有？故立天子，置三公，虽有拱璧以先驷马，不如坐进此道。古之所以贵此道者何？不曰以求得，有罪以免邪？故为天下贵。

较比一下，释迦之"施若恒沙"和老子之"立天子，置三公，拱璧与驷马"。不论好人、坏人都必须贵此道！何以故？因为，他是好人的宝贝，有求必应，坏人也不会死无葬身之地，有罪以免！**老庄孙子**：博施济众，尧舜犹病诸！何况施若恒沙。

尊道重德，当然是老子在先！释迦在后。

这里面有个问题，谁来"立天子，置三公"？是如老子之有道者、大宗师！因为，有道者之尘垢秕糠犹能陶铸尧舜者也！当然，尧舜已是"内圣外王"的典范。精神至上！

与天子、三公、拱璧、驷马、七宝比，"道"当然更重要！但绝不意味着前者不重要。这才应是老子和释迦的正解！

所以说，一个人、一个家庭、一个民族、一个国家的真正强盛，经济基础固然重要，但最重要的还是文化、文明、思想的传承强盛。只有此，才可长久！这就是"道"的可贵性，也是所有圣贤们终极追求的。中华民族伟大复兴的中国梦，其关键即在于此！

这又扯出物质、精神何为第一性的问题！中国30年的经济发展，人民是富有了，国家也强大了，可是物欲更加横流了，道德更加沦丧了，腐败更加泛滥了，贫富两极更加分

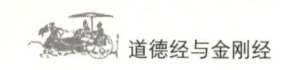

化了。衣食足则知礼节，温饱思淫欲，都不是必然，中间是缺东西的！什么东西？教化、文明、文化！**老庄孙子**：这就是孔子之所以盛赞管仲能做到"衣食足而知荣辱，仓廪实而知礼节"的所在！

金钱第一，弱肉强食，再加上达尔文的哲学，坚船利炮有了，科学技术有了，三弹有了，一战、二战也发生了，还有甲午海战，攻城略地，兽性不如，生灵涂炭，惨绝人寰。惨败了，还要赔人家四万万两白银？强盗、霸权！还美其名曰"民主、自由、人权"，"文明"在哪里？

奥巴马宣誓就职，是手扶《圣经》的，而非美元、金砖！

我们不也盛赞"生命诚可贵，爱情价更高；若为自由故，二者皆可抛"吗？还有，孟子的"舍生取义"，孔子的"杀身成仁"，更不用说老子、释迦的"施若恒沙不若传经布道"。

其实是"心物一元"，还是老子论"有、无"，说得好"此两者，同出而异名，同谓之玄，玄之又玄，众妙之门"！**老庄孙子**：人死了，精神永存；人活着（植物人），精神却没了。这都不能称其为人。

扯远了！真是"两个黄鹂鸣翠柳，一行白鹭上青天"，不知所云地越说越远了！

只是，释迦过于强调"经、道"，形而上的重要性，又过于贬低物质层面的虚幻、无常。有人说老庄消极，其实不然！释迦才消极。有人说，释迦为什么视美女、富贵如浮云？因为他是王子出身，已经腻了。不无道理。虽然他即立即破，即破即立，但总给人偏激之感。但愿是翻译的问题。**老庄孙**

子：真正把握枢机，又圆融无碍者，莫过于庄子！

南师和星云大师都把释迦所说"经与四句偈"概括为"般若智慧"。不妥！充其量说对了一半。如果真要概括，也只能是"智慧、慈悲、普度"，大智慧生大慈悲，大慈悲生大愿力，大愿力救度众生。类似于孔子"智、仁、勇"三达德。仅仅智慧是不够的，小乘、神通而已。**老庄孙子**：德智体全面发展。不得已才德者本也，才者末也。形全、才全、德不形。

第九章　一相无相

须菩提！于意云何？须陀洹能作是念，我得须陀洹果不？

须菩提：不也！世尊！

何以故？须陀洹，名为入流，而无所入，不入声色香味触法。是名须陀洹。

须菩提！于意云何，斯陀含能作是念，我得斯陀含果不？
须菩提：不也，世尊！

何以故？斯陀含，名一往来，而实无往来，是名斯陀含。

须菩提！于意云何？阿那含能作是念，我得阿那含果不？

须菩提：不也，世尊！

何以故？阿那含果，名为不来，而实无不来，是故名阿那含。

须菩提！于意云何？阿罗汉能作是念，我得阿罗汉道不？

须菩提：不也，世尊！

何以故？实无有法名阿罗汉。世尊！若阿罗汉作是念，我得阿罗汉道。即为着我、人、众生、寿者（相）。

世尊！佛说我得无诤三昧人中，最为最一，是第一离欲阿罗汉。

世尊！我若作是念，我得阿罗汉道。世尊即不说须菩提是乐阿兰那行者。以须菩提实无所行，而名须菩提是乐阿兰那行。

注：须陀洹、斯陀含、阿那含、阿罗汉均是梵语，在文章里都有所指，分别为：入流、一往来、不来、无学。是修行的具体境界。具体讲：

所谓"入流"，就是初入圣者流。俗谚"不入流"就是说没入圣者流。

所谓"一往来"，是指已没有人间欲望，如朱熹所说：要想存天理，就必须灭人欲！达到"一"的境界。

所谓"不来"，已超越欲界而知"天命"。

所谓"无学"，即老子所说"绝学"才能无忧，也即"格物至知"意。

无诤：即老子之无争、不争。严格讲是庄子的"是非"之争。等是非，齐万物。

三昧，觉悟。无诤三昧，即庄子"虚静恬淡寂寞无为"，个人修行的最高境界，空亦不执，自然而然。

第一离欲阿罗汉，专指须菩提，他专修"无诤"一门。

乐阿兰那行者，指乐于在山林旷野中寂居静修的人，就是道家的隐者，亦即庄子所谓"山野之士"，与世无争。

此章中心意思还是警戒菩萨、众生不要"执"，一再强调"道可道，非常道；名可名，非常名"，都是假借、譬喻、

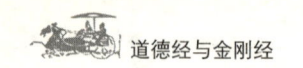

方便解说。老子、庄子都是高手,特别是庄子!

此章还同时透露出佛家修行的几种境界、第次等重要信息。关于"修行、修炼、修养",在《老子》《庄子》《列子》《黄帝内经》《维摩诘经》等书中有极为详尽的介绍!

此章,须菩提借佛祖之言认真推销了一把自己,什么"无诤三昧",什么"人中第一",什么"第一离欲阿罗汉",什么"乐阿兰那行者"等等。

那就先看看维摩诘是怎样收拾、教化须菩提的!

《维摩诘经》"弟子品第三":维摩诘在收拾完释迦著名弟子舍利弗、大目犍连、大迦叶之后开始收拾须菩提,其办法依然是以其人之道还治其人之身。

佛告须菩提:你去代表我慰问维摩诘。

须菩提:世尊!我不堪胜任。为什么呢?过去,我曾到维摩诘处化缘。维摩诘为我盛满饭,端着钵,开骂:嗨!须菩提!你若是能对食物不存在好坏之分别,平等看待,你看一切法也就空了!只有如此,你才配出来化缘,吃我供养的饭。

但条件是:不断淫、怒、痴,亦不与俱。

不坏于身,而随一相。

不灭男女痴爱,而起于解脱。

以五逆相而得解脱,亦不解不缚。

不见四谛,又非不见谛。

非得果又非不得果。

不是凡夫又非离凡夫法。

第九章　一相无相

非圣人又非不圣人。

虽成就一切法而又离一切法相，只有如此，你才能吃上这碗饭！

须菩提！你若抛弃对佛及佛法的执着，以富楼那、迦叶等六位邪魔外道为师，跟随他们，他们堕落，你也堕落，如此，你才配吃这碗饭！**老庄孙子**：须菩提在《金刚经》里出尽了风头，在此吃瘪，还要继续吃瘪！

须菩提！你若能入诸邪见，游于苦海，不到彼岸；受人间万难，又不以为难；在诸烦恼中又能清净不烦恼；你得无上正等正觉，一切众生也能，根本与你无关！

施舍你的人，不一定得福报，供养你的人还可能堕入恶道、地狱、畜生！

所以者何？因为，他们是用功利心来供养。如果你还自以为是，那他们供养的不是佛而是魔！那你与魔及世间众生凡夫没什么两样。你敢对一切众生生怨恨之心，谤佛、骂法、诅咒一切圣贤吗？发誓不灭度众生自己亦永不灭度！你敢吗？不然，你还是不配吃这碗饭！

须菩提：世尊！您是不知，那时的我是茫然不知所措，不识是何言，不知以何答，饭碗也不敢接，两股战战，急于先走。

这时，只听维摩诘大喊：嗨！须菩提！怕什么？尽管拿去吃吗！

维摩诘：于意云何？如来化度人时，若以此诘问，宁有惧不？

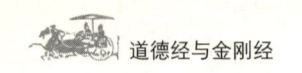

须菩提：没有。

维摩诘：一切诸法，如幻化相，你今天不应有所惧也！所以者何？一切言说不离此相。至于智者，不著文字，故无所惧。何以故？文字性离，无有文字，是则解脱。真能解脱，就是佛法。**老庄孙子**：没有维摩诘教化的须菩提就没有《金刚经》里的须菩提！维摩诘，真庄子风范！反之亦然。

其实，须菩提的修行境界仅仅停留在孔子"乐天知命故无忧"的小乘自了的境界，恐怕不如列子！距离释迦大乘，老子"无为无不为"，庄子"德充符""大宗师""应帝王""尘垢秕糠犹能陶铸尧舜者也"等的境界还差之甚远！

一个公案。南塔光涌禅师（850—938年，五代僧，江西丰城人，少学儒家经典，13岁即能讲解经义，后学《维摩诘经》），初次参访仰山惠寂禅师（815—891年，广东韶州人，五代十国，沩仰宗鼻祖，九岁自行出家，得六祖心印，号小释迦）。

光涌初见仰山，仰山问：来此何干？

光涌：见您。

仰山：见到否？

光涌：见到了。

仰山：像不像驴马？

光涌：既不像驴马，也不像佛。**老庄孙子**：老子任由别人称自己牛马。

仰山：不像佛，那像什么？

光涌：如像佛，那和像驴有何区别？

仰山叹曰：凡圣两忘，情尽体露，二十年中，再没有人能打败你！请珍重。**老庄孙子**：与其相濡以沫不如相忘于江湖。得鱼忘筌，得意妄言，忘乎所以。道在屎溺。

庄子的齐物。天地一指也，万物一马也。可乎可，不可乎不可。道行之而成（无中生有），物谓（名）之而然。恶乎然？然于然。恶乎不然，不然于不然。恶乎可？可于可。恶乎不可，不可于不可。物固有所然，物固有所可。无物不然，无物不可。不论是草芥还是参天大树，不论是西施还是东施，恢也好、诡也罢、谲也可、怪也行，在"道"看来通通为"一"！其分也，成也；其成也，毁也。凡物，无成与毁，在"道"看来复通为"一"。只有达人、有道者，才知通为一，才知为是（有为、执着）不用而寓诸庸。庸也者，用也；用也者，通也；通也者，得也。适得而几矣！**老庄孙子**：适可而已，中庸之道。

因是已（因任自然），已而不知其然，谓之道（一阴一阳谓之道，阴阳不测谓之神）。

接着，庄子讲了个"朝三暮四"的故事。

费尽心机谋求"齐一"却不知本来就是相同的，这就是"朝三暮四"。何谓"朝三暮四"？

养猴人给猴子分栗子，说"早晨三个，晚上四个，如何？"

众猴皆怒。

养猴人：那就早晨四个，晚上三个。

众猴皆悦。

庄子说：名实未亏而喜怒为用，亦因是已。所以，圣人和之以天钧（均衡、中和），是之谓两行。**老庄孙子**：各得其所，百姓皆谓我自然。喜怒哀乐之未发，发而皆中节。

关于"无诤"。庄子在"齐物论"中是这么论述的：夫随其成心而师之，谁独且无师乎？奚必知代而心自取者有之？愚者与有焉！**老庄孙子**：师心自用，自以为是者遍地都是！

有成见才有是非。所以，大道隐而有真伪。正因为大言不言所以才产生是非。大道被小道遮掩，真理被浮夸湮灭。所以，才有诸子百家，儒墨之是非之争。以是其所非而非其所是。

是亦一无穷，非亦一无穷。彼此彼此，此亦一是非，彼亦一是非；方生方死，方死方生，方可方不可，方不可方可；因是因非，因非因是。与其是其所非而非其所是，则不如"以明"。所以圣人不由，而照之以天，亦因是已。

果且有彼是乎哉？果且无彼是乎哉？彼是则莫得其偶，谓之"道枢"。枢如得其环中（执中），以应无穷。**老庄孙子**：明心见性，六通四辟，天无不覆，地无不载。把握中枢，如珠落盘，圆融无碍。

老子的"无争""无为"更具宽泛性、根本性。

第三章"为民"：不尚贤，使民不争；不贵难得之货，使民不为盗；不见可欲，使民心不乱。是以，圣人之治，虚其心，实其腹，弱其志，强其骨。常使民无知无欲，使夫智者（自以为聪明者）不敢为也。为无为，则无不治。
老庄孙子：对统治者，内圣外王者的要求！

第八章"易性":上善若水。水善利万物而不争,处众人之所恶(地藏菩萨,我不下地狱谁下地狱!地狱不空,誓不成佛!所以,他永远成不了佛,因为,地狱永远空不了!只会越来越多),故几于道。居善地,习善渊,与善仁,言善信,正善治,事善能,动善时。夫唯不争,故无忧。**老庄孙子**:"老虎们"都应这样!成为打老虎者的必要条件。

第十章"能为":载营魄抱一,能无离乎?抟气致柔,能婴儿乎?涤除玄鉴(神秀的鼻祖),能无疵乎?爱民治国,能无知乎?天门开阖,能无雌乎?明白四达,能无为乎?生之、畜之,生而不有,为而不恃,长而不宰,是谓玄德。**老庄孙子**:须菩提行吗?

修行、修炼、修养,福、慧、资、粮,修、齐、治、平,悟道、长生,无所不包!李世民之"以铜为镜可以正衣冠,以人为鉴可以知得失,以史为鉴可以知兴替",习总书记"照镜子,正衣冠,洗洗澡,出出汗,治治病"的渊薮!

关于争与止诤,讲一个公案。

《杂阿含经》记载:有一天,迦叶报告佛祖:世尊!有两位比丘在争吵,一个是阿难的弟子,一个是目犍连的弟子。**老庄孙子**:阿难、目犍连都是释迦牟尼最优秀的弟子,阿难还是释迦的堂弟。

两人为诵经事争吵,约定明天一决胜负。释迦派人把他俩叫来,问:你们听说过我的教诫中,有教导人争讼、分别高下的经义吗?**老庄孙子**:孔子曰"未见能见己过而能自讼者也"。

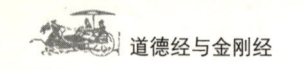

二人回答：没有，世尊！

释迦：真正胜利的人，是止息贪嗔痴的迷乱，勤修戒定慧，除掉六贼造作；能正观五蕴如芭蕉不实；以八正道为指标；证入涅槃为寂乐。背诵千章万偈，不明自心，于解脱何益？

老庄孙子：尧不慢无告，孔子止讼，老子不争而天下莫能与之争。

庄子与惠施之诤。

惠子（做过魏惠王的宰相，春秋名家代表）谓庄子曰：魏王赠我大瓠（葫芦）种子，我种下几年后，结了个大葫芦，重500斤。用它盛水，其坚不能自举；剖开为瓢，没有水缸能放得下。确实够大，但也确实无用。所以，我碎而扔之。

庄子：你是拙于用大啊！我给你讲个故事吧。从前，有一宋国人，发明了让手不冻裂之药，世世代代他家族以漂洗丝絮（缫丝，染坊）为生。

有一人得知此事，便赶上门来，请求重金（百两黄金）买此偏方。

于是，此人聚族而谋曰：我们世世代代开染坊，总共也没挣几两黄金，现在，这药方一下子能卖百金，还是卖给他吧！

家人全都赞成。

于是，那人拿到药方急急去游说吴王。

当时正值越国大侵入吴，吴王最无奈之时。吴王如获至宝！马上任命此人为大将，寒冬腊月，与越国水上大战。结果，大败越人。此人因此得以列土封侯！

第九章 一相无相

庄子评论：能不冻手，就这么一件小事，有人用此世世代代、辛辛苦苦开染坊，也有人因此列土封侯，则用之异也！

话锋一转，一个大葫芦就把你难住了，确实好笑。你为什么不把它作一小舟系于腰间游乎江湖河海之上，优哉游哉，逍遥于天地之间。你却在这忧虑无所容？你确实蓬塞其心啊！**老庄孙子**：孔子之乘桴浮于海，可没庄子这么潇洒！而惠施终将矮庄子一头，不能明心见性！

惠施不服气。过了几天，又去找庄子论理，说：有一棵大树，即人们常说的樗（臭椿）。树干粗大臃肿不中绳墨，小枝弯曲不中规矩，长在大路旁，大小工匠路过时看都不看一眼。就像你说的话，大而无用！

庄子：你啊！怎么说你好呢？难道你没见过狐狸、山猫、黄鼠狼吗？卑身而伏，伺机捕捉飞来之物。东西跳梁，不避高下，卖弄得不得了！可一旦中了猎人设置的机关、网罟，最终死无葬身之地。

再给你说个大的，牦牛，其大若垂天之云，够大不？可他却不能捕捉老鼠。

现如今，你有一棵大树，患其无用，何不树之于无何有之乡，广漠之野，彷徨乎无为其侧，逍遥乎寝卧其下。不夭斧斤，物无害者，安所困哉？**老庄孙子**：恬淡无为，寂寞逍遥。大自在。

哥俩争名。

惠施当魏相，庄子去探望他。有一个不怀好意之徒挑拨惠施：庄子来，想要取代你的相位！

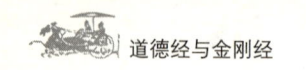

惠施极为恐惧，命令搜捕，三天三夜，未果。

第四天，庄子突然冒出来，站在惠施面前！惠施不知所以，庄子赶紧安慰：你这是怎么了？我不是曾经给你讲过吗，南方有一只鸟，名曰鹓鶵（凤凰），飞向北海，路途非晨露不饮，非松子不食，非梧桐不栖。翱翔九万里，俯瞰宇宙万象，突然看见一猫头鹰适得一腐鼠。猫头鹰正得意间，猛然抬头看见凤凰，恐惧万分！紧紧捂住腐鼠，本能地发出惊惧威吓颤抖声音：嗨！你要干吗？难道要夺取我这宝贵的魏国相位吗？

说完，两人相视一笑。**老庄孙子**：其实，在这之前，楚王已盛邀庄子做楚相，庄子以"我愿曳尾于涂中"婉拒。

再看看哥俩著名之"鱼之乐"。

有一天，两人在河边溜达。河里面鱼鳖虾蟹游来游去，甚是悠闲。

庄子：兄弟你看！那鱼出游从容，是鱼之乐也。

惠子调侃：子非鱼，安知鱼之乐？

庄子反击：你非我，安知我不知鱼之乐也？

惠子把握杀机：太对了！就因为我非子，固不知子矣；所以，你固非鱼也，当然你不知鱼之乐也！这是完全肯定的。呵呵，这回你死定了！

庄子狡辩：等一等，请循其本。一开始你是这么说的：安知鱼之乐。对吧？你这么问，就是已经知道了我知道鱼之乐，只是想知道在那儿知道的，是不？那我告诉你：我知之在濠上也！我是在河边上知道的。**老庄孙子**：智慧、机锋、狡辩、偷换概念。这次虽是惠施赢了，但庄子却是以其人之道还治其人之身。名家以辩论著称。什么白马非马了，什么"一尺之棰日取其半万世不竭"了，注意！这可是微分的真正鼻祖！"八卦"则是计算机二进制的祖师爷！太极生两仪，两仪生四象，四象生八卦，八八六十四卦，以至于无穷。所以，不论是自然科学，还是社会科学，以及养生科学，我们可不能数典忘祖啊！

哥俩论"有情""无情"。

"德充符"篇：惠子谓庄子曰：人故（固）无情乎？

庄子：然！

惠子：人而无情，何以谓人？

庄子："道"与之貌；"天"与之形，恶得不为人？

惠子：既谓之人，怎么会无情呢？

庄子：你那情非我所谓情也！我所谓"情"者，说的是"人之不以好恶内伤其身，常因任自然而不益生也"。**老庄孙子**：老子之生生之厚。喜怒哀乐之未发。

惠子：不益生，何以有其身？

庄子：道与之貌，天与之形，无以好恶内伤其心（身）。而现在的你，外其身，劳其精，倚树而吟，居枯木而瞑。上苍赋予你形体，你们这些人（包括名家）却以坚白鸣！**老庄孙子**：东边日出西边雨，道是无晴却有晴。墙里开花墙外闹，多情总为无情恼。

哥俩继续诤无用。

《庄子》"外物"篇。有一天，惠子对庄子说"你那些

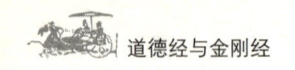

说法无用"。

庄子：知道无用的人才可以跟他说有用。**老庄孙子**：老子之无以为用，有以为利。

你看那大地非不广且大也，而人之所用无非立足之地。然而，如果把你立足之地周边全部挖空，直到黄泉，你那立足之地还有用吗？**老庄孙子**：连许由也收拾了！见《庄子》"逍遥游"篇"小鸟巢于深林，不过一枝；老鼠饮河，不过满腹"。

惠子：确实无用。

庄子：这样说来，无用之为用也就再明白不过了！

接下来，庄子长篇大论收拾惠施：人如果能逍遥、在宥、恬适，有不能做的吗？如果不能逍遥、在宥、恬适，他又能做什么？**老庄孙子**：能明心见性者就是佛，反之则凡。成佛则能普度众生。不能成佛连自己也度不了。

逍遥隐遁、绝圣弃智、奔逸绝尘而又能化于俗，非至人厚德不能行。**老庄孙子**：大智、大慈、大德、大勇。多么像维摩诘，连口吻都如出一辙！

覆坠而不反，火驰而不顾，虽相与为君臣，时也，易世而无以相贱。所以，至人不留行焉！**老庄孙子**：朱镕基曾说"不管是地雷阵还是万丈深渊我都会义无反顾"！老子则是善行无辙迹，善者我善之，不善者吾亦善之。

那些尊古卑今者，纯属学者之流。如果以豨韦氏的世道来衡量今世，没有不偏颇的！只有至人才能悠游于世而无所偏颇，顺乎人情而又不失自己的本性。**老庄孙子**：孔子是敏而好古，窃比于老彭，随心所欲不逾矩。

目通（彻）则明，耳通为聪，鼻通为灵，口通为甘，心通为智，智通为德。凡为道者，不欲壅，壅则哽，哽则塞，塞则戾，戾则害众生。**老庄孙子**：大禹治水一个字"通"。

凡是有知觉的生物都是靠呼吸生存，呼吸不畅则有病秧，非天道也。天道是通的，无所不通，昼夜流行，周流六虚，变动不居，七窍、四肢百骸直至细胞，而堵塞不通都是人为造成的。细胞是中空的，人的心灵更需空静如太空。就像屋室，空地儿少，婆媳就要争吵。心灵不空旷虚灵则七窍相互违逆，百病丛生。森林大山之所以让人留恋，那是因为能给人带来快乐舒畅。**老庄孙子**：凿户牖以为室，当其无有室之用。虚极静笃。

所以，德荡乎名，名溢乎暴，谋稽乎急，智出乎争，茅塞不能顿开。官事以众宜为宜。所以，春雨时至，草木怒生，于是农具才派上用场，铲倒过半而生之更多却不知缘由。**老庄孙子**：野火烧不尽，春风吹又生。铲草不能除根，那时没有除草剂。一笑。修炼亦如，种子亦不依。

古人云，静以养心也可疗病，按摩眼角可以防老，安宁可以止遽。**老庄孙子**：淡泊宁静，静为躁君，重为轻根。

虽然如此，也都是劳神役智者所为，闲情逸致之有道者是既不为也不过问的。也就是说，圣人所用以警戒天下的，神人是无暇过问的；贤人所在意的，圣人是无暇过问的；小人认为合时宜的，君子是无暇过问的。**老庄孙子**：真人者，何以为？何以不为？

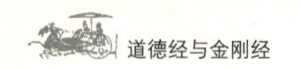

就像宋城东门外有一死了双亲的人，因为善于哀哭而被加官晋爵，邻里仿效，结果哭死者过半。**老庄孙子**：上有好之，下必甚焉。楚王爱细腰，后宫多饿死。

这都是至人不屑于为的！所以，尧让天下给许由，许由逃之夭夭；商汤让天下给务光，务光恼怒投水而死；而纪他听说后率众弟子隐遁于窾水，各诸侯王纷纷寻找，三年无果；申徒狄仰慕不已，也投河而死。

所以说，渔具是用来捕鱼的，得鱼就应该忘筌；夹子是用来捉兔的，亦应得而忘之；言语是用以表达意思的，得意而忘言。惠施啊！我到哪里去找忘言之人而与之交谈呢？**老庄孙子**：拈花与微笑，知音难觅，得意就更难了。

老子止诤。

有一次，孔子向老子请教：有这么一种人看似有道，实际上是背道而驰。整日间狡辩"可不可、然不然，离坚白、若悬寓"，诸如此类，算得上是圣人吗？**老庄孙子**：孔子收拾名家。庄子亦是。

老子：这不过是劳形怵心，玩弄雕虫小技而已。哪里称得上圣人！

来，孔丘！我告诉你闻所未闻的圣人之道：有头有脑却无知无闻的人是绝大多数，而心与无形无状之大道相合者是少之又少。动、静、生、死，废、兴等等的对立统一又相互转变，都是因任自然的！如果人为干扰（人为者伪）则是人治。忘记外物、忘记自然、忘记自己、忘记一切，天人合一而融于大道，则无为无所不为矣！**老庄孙子**：辩证法的老祖宗！无论是唯物还是唯心。孔子之"心斋"，颜回之"坐忘"均源于老子的教化。

孔子之有喙三尺而不言。

仲尼适楚，楚王盛情款待，孙叔敖执爵而立，市南宜僚洒扫而祭曰：古之人乎！于此言已。

孔子：我也听闻有"不言之言"之说，以前我没说过，现在尝试说一说。**老庄孙子**：不言之言，老子说过，释迦更说过。

例如，你市南宜僚不就是什么也不说在那摆弄弹丸化解了楚国白公胜想杀害令尹子西之大乱吗？

还有你孙叔敖，不也是羽扇纶巾运筹帷幄之中一言未发就决胜千里之外吗？**老庄孙子**：还有齐景公、晏子"二桃杀三士"。

我孔丘也希望虽有三尺之喙而不言。不道之道，不言之辩，非至人不能为也！**老庄孙子**：天之道，无求、无失、无弃，物物而不物于物。圣人之道，反求诸己而不穷，循索万古而无碍，诚之至也！

第十章 庄严净土

佛告须菩提：于意云何？如来昔在燃灯佛所，于法有所得不？

须菩提：不也，世尊！如来在燃灯佛所，于法实无所得。

须菩提！于意云何？菩萨庄严佛土不？

须菩提：不也，世尊！

何以故？庄严佛土者，即非庄严，是名庄严。

是故须菩提！诸菩萨摩诃萨，应如是生清净心，不应住色生心，应无所住而生其心。老庄孙子：六祖闻此句而顿悟。

须菩提！譬如有人，身如须弥山王，于意云何？是身为大不？

须菩提：甚大，世尊！

何以故？佛说非身，是名大身。老庄孙子：法身无相。

终于，释迦牟尼最著名的如老子"道可道，非常道；名可名，非常名"的经典语法结构"所谓……即非……是名……"在此最终完整！

第十章 庄严净土

所谓"净土"，不仅仅指西方极乐世界，更重要的是指明心见性，一念不生，是心净、心清、心空、空亦不着，所谓庄严净土就在每个众生的心中！即老子之"虚极静笃，清净乃为天下正"，即六祖听五祖讲《金刚经》讲到"应无所住而生其心"时当下大悟"一切万法不离自性！""何其自性本自清净！何其自性本不生灭！何其自性本自具足！何其自性本不动摇！何其自性能生万法！"**老庄孙子**：悟了就是净土，迷了就是凡尘。天堂、地狱、人间，只在一念之间！

燃灯佛，很远古的得道之人，类似我们的燧人氏。是释迦牟尼自己说由他开导悟道并授记名号"释迦牟尼佛"。**老庄孙子**：所谓转世。其实释迦牟尼的直接老师是阿弥陀佛。释迦在悟道前是走过艰难小乘苦行路线的，确有神通。

须弥山，山之最，如喜马拉雅山，似道家之藐姑射之山、昆仑山等，物华天宝，人杰地灵，是修炼、修行的好地方。

本章最重要的一句话"应无所住而生其心！"

六祖悟道及衣钵传承。《六祖坛经》记载：五祖欲传心印、衣钵与后人，苦无所得。于是想了一个办法，让弟子们作偈。

原文：一时，五祖唤所有弟子，总来！我跟你们说，世人生死事大！汝等终日只求福田，不求出离生死苦海。自性若迷，福何可求？汝等各去自看智慧，取自本心般若之性，各作一偈，来呈我看，若悟大意，付汝衣钵，为第六代祖，火急速去，不得迟滞！提示，思量即不中用（不可思议），见性之人，言下须见。若如此者，抡刀上阵，亦得见之。

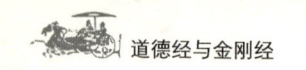

随后,五祖首席大弟子、教授师神秀呈上一偈,心里没底,忐忑不安,前后矛盾了13次之多!最后还是没敢直接呈给五祖。便于夜半偷偷地写在五祖堂前画廊墙壁上,偈曰:身是菩提树,心若明镜台;时时勤拂拭,不让惹尘埃。书毕,赶紧回房,仍坐卧不安,直至五更。

天明,五祖得知,说:神秀未得入门,不见自性。但也有了境界,若依此偈继续修行,则可免堕恶道,有大利益,令门人炷香礼敬,尽颂此偈,即得见性。**老庄孙子**:贵此道者何?求以得,有罪以免也!五祖得于老子心印。

不得已,五祖于半夜三更唤神秀入堂,又教化、点拨了一通,令其再作偈,如入得门,依然传衣钵于他。就这样,神秀最终也未成偈。**老庄孙子**:后来,神秀在北方特别是武则天的王朝备受尊崇!即所谓南顿北渐。六祖是顿悟,神秀是渐悟。

过了几天,一童子(五祖刻意安排)来到慧能劳作的碾坊,故意吟诵神秀偈语。慧能一听,便知神秀未见本性。至此,慧能已碾米八个月有余,从未离开碾坊!更不敢到前堂半步。

于是,便求童子领他到前堂礼拜神秀偈语。因慧能不识字,便求在场的江州别驾(官称)张日用朗读,慧能听毕,遂生一偈,求别驾写于墙上。

别驾轻视慧能:就你?也能作偈?

慧能:欲学无上菩提,不可轻于初学。下下人,有上上智;上上人也有没心智之时!如随便轻视他人,则会有无量无边的罪过。**老庄孙子**：孔子就上过以貌取人的当。唯上智与下愚为不可移也。

张别驾无奈：好吧！你说，我写。还揶揄慧能，只希望将来你成佛时莫忘今日！

于是慧能之"菩提本无树，明镜亦非台；本来无一物，何处惹尘埃"千古名偈跃然墙上！众生看后，议论纷纷，无不惊叹！奔走相告，瞬间传到五祖处。五祖急急去看，糟糕！要出麻烦。立马用鞋底将慧能偈语擦掉，大声说：这獦獠，依然没有见性！大家皆以为然。**老庄孙子**：人间正道是沧桑！何况佛道。

第二天，五祖悄悄来到碾坊，看见慧能依旧在舂米，没有丝毫沮丧，赞叹：求道人为了正法而忘却身躯，确实应该这样！**老庄孙子**：老子之及吾无身，吾有何患？颜回之堕肢体、忘仁义。

五祖：米熟也未？**老庄孙子**：禅机！

慧能：早已熟，只是欠人筛过。**老庄孙子**：妙语！

五祖于是用禅杖在碾盘上敲了三下，转身离去。

慧能会意，于夜半三更时分，悄悄进入五祖丈室。五祖赶忙用袈裟遮住窗户。然后为慧能讲解《金刚经》，慧能当下大悟！五祖于是传衣钵于慧能并授记六祖。

老子论道。

《道德经》第四章"无源"：道冲而用之或不盈，渊兮似万物之宗。挫其锐，解其纷，和其光，同其尘，湛兮似若存，我不知谁之子，像帝之先。

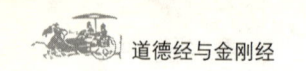

第十四章"赞玄"：视之不见名曰夷，听之不闻名曰希，博之不得名曰微。此三者不可致诘，故混而为一。其上不皦，其下不昧，绳绳不可名，复归于无物（无极）。是谓无状之状，无物之象，是谓恍惚。迎之不见其首，随之不见其后。执古之道，以御今之有，能知古始，是谓道纪！

想起了颜回赞叹孔子的得了道。

《论语》"子罕"第九：颜回喟然叹曰："仰之弥高，钻之弥坚。瞻之在前，忽焉在后。"

《庄子》"田子方"篇。

颜回：夫子趋亦趋；夫子驰亦驰；夫子奔逸绝尘，而回瞠若乎其后矣！**老庄孙子**：亦步亦趋、奔逸绝尘、望尘莫及、瞠目结舌之出处！

释迦牟尼是得了道之人，有三十二相，八十种好，且有神通。

《维摩诘经》"佛国品"记载：

有一次，舍利弗疑问：世尊！为什么十方诸佛国土都是那么殊严净妙，只有您的娑婆世界，到处是丘陵、荆棘、沙砾、土石、破山，秽恶充塞其中呢？

释迦牟尼以脚趾按地，刹那间，秽恶诸相皆无，百千珍宝装饰的净土涌出。随后道：舍利弗！我佛国土，原本清净，众妙具足，只是为度下劣人的缘故，才示现众恶不净。就如诸人天等，随德业缘不同，其食器饭色而有不同。因此，舍利弗！如果心地清净，便见娑婆世界万德庄严，无有恶浊。**老庄孙子**：一念之间，天堂、地狱、人间。庄严佛土在心中。

第十章 庄严净土

壶子示相也可以佐证。先看《庄子》"应帝王"篇：

郑国有一神巫（看相算卦者）名曰季咸，能知人之死生、存亡、祸福、寿夭，极为精准！郑国人看见他就像见到瘟神一样，避之唯恐不及。列子见之却心醉痴迷！回到驻地，告诉他老师壶子（伯昏无人、关令尹喜也是列子老师）"始吾以夫子之道为至矣！现在，竟然还有比你更强的"。

壶子：平时，我所示现给你的都是表象而已，绝招你根本什么都没见到！你以为得道了吗？你可知，有雌无雄，不用说生育，就是连蛋也生不出！生出了也不能孵小鸡。你想以小道立威于世，求得世人认知，还玩起了看相算命的伎俩。好吧！你请他来给我看看相。

第二天，列子把巫咸请来给壶子相面。看了片刻，离开壶子房间，悄悄告诉列子：唉！你老师完了！死期到了！无可救药了！不出十天必死！我已经看到怪相，你老师已面如死灰，形如槁木。赶紧准备后事吧！说完走了。

列子进屋，号啕大哭，如实告诉了壶子。

壶子微微一笑：我刚才给他显示的是死寂般的地貌，不动不静。所以，他看到我闭塞生机的表象即死相。明天，你再请他来。

第二天，列子又把巫咸请来。出而谓列子曰：你太幸运了！你先生多亏遇上我了！有生还的希望了！我看到他的生机了。**老庄孙子**：阴极一阳生。

列子入，以告壶子。

壶子：刚才我显示给他的是天象，名实不入而发于踵。

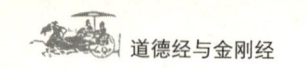

所以，他能看到我的生机。明日再请他来。**老庄孙子**：踵息。

第二天，列子再次把巫咸请来。出而谓列子：你先生神情不定（一片混沌），我无法给他看相。等他清醒了再看吧。

列子入，以告壶子。

壶子：我刚才显示给他的是太虚无朕（迹象），所以，他看到的是均衡（天钧）气机。所谓深渊，有九种表象，我只给他显示了三种，止水、流水、鲸鱼游动之水。明天，你再让他来！

第二天，列子把巫咸找来。立未定，巫咸惊慌逃走！

壶子：去，追上他！

列子追之不及。反回，报告壶子：已灭矣！已佚矣！吾弗及已！

壶子：我刚才给他显示的是大道之机！我与他虚与委蛇，不知所以，随顺自然，变化无端，如同随波逐流。所以，他逃走了！

至此，列子后悔不已，一无所学，一无所事，郁郁然回到家里，三年不出门。帮妻子烧火做饭，喂猪就像侍奉人，于事无亲。雕琢复朴，卓然独立。解纷止争，无封无藏，一以是终。**老庄孙子**：等是非，齐万物；独立不改，周行不殆；无为名尸，无为谋府，无为事任，无为智主。体尽无穷，而游无朕。尽其所受乎天而无见得，亦虚而已矣！至人之用心若镜，不将不迎，应而不藏，物来则照，物去不留，故能胜物而不伤！应无所住而生其心！《老子》之"居位"：治大国如烹小鲜焉。以道莅天下，其鬼不神；非其鬼不神，其神不伤人；非其神不伤人，圣人亦不伤人。夫两不相伤，故德交归厚矣！

伯昏无人再次教化列子。在《庄子》中"田子方"（《列子》中也有）篇中，列子自以为射箭水平高得不得了！水杯放于肘上，百发百中且后一箭能射中前一箭之尾，速度之快，箭与箭能连成一条线。

伯昏无人仍讥笑他：你那是射之射，非不射之射。你跟我来！

于是，伯昏无人领列子登上高山，履危石，临百仞之渊，背对着深渊后退直到脚掌有三分之二悬在空中，请列子同样。列御寇伏地爬行，汗流至踵，两股战战，心慌手抖，哪里还射的成箭！

伯昏无人：夫至人者，上窥青天，下潜黄泉，挥斥八极，神气不变。而你，却心慌手抖，眼花缭乱，惊惧不已，何谈射箭，更遑论修道。**老庄孙子**：其实无论修行、修炼、修养，内圣外王，道德水平最高的莫过于黄帝！

《列子》"黄帝篇"记载：有一次，列子想去齐国讲学，不知为何，中道而返，路上遇到伯昏无人。

伯昏无人：嗨！你怎么回来了？

列子：我受惊了。

伯昏无人：怎么讲？

列子：我在路途上，吃了十家饭，结果有五家不要钱。

伯昏无人：你那么出名，白吃点饭算什么，至于大惊小怪？

列子：我认真反省自己，还未得道解脱，只是徒有虚名，招摇过市，欺世盗名，为有道者不耻。我亦不愿为。那些开小饭馆的，以此为生，利薄本小，地位低下，还这么势利，更何况万乘之主？为国事操劳，苦心孤诣，还要请我去治国效力，封侯拜相，我道行太小，力不从心，所以惊惧。**老庄孙子**：吾何以天下之事为哉？

伯昏无人高兴：善哉观乎！好好修行吧，天下人都将会拥护你。**老庄孙子**：佛教的"善哉"借用于此。

没过多久，伯昏无人再去看望列子，门庭若市，户外的鞋遍地都是。

于是，伯昏无人在门外挂杖托腮面北而立，站了一会，悄悄地走了。礼宾发现了，立马告诉列子。列子拎上鞋光着脚急急追赶，在大门外追上了他的老师，气喘吁吁：先生您既然来了，怎么也得留下点"良药妙方"啊！

伯昏无人：唉！算了吧！我早就给你说过，你不图名，不图利，明心见性了，众生自然会需要你、拥戴你。非汝能使人保汝，而汝不能使人无保汝也！**老庄孙子**：不是你想怎么样，而是众生要怎么样。辛弃疾"此身忘世浑容易，使世相忘自太难"。忘天下易，使天下忘难。

伯昏无人：你还用问我吗？名声大了也是烦恼，需要你的人越多，精气神消耗得就愈厉害。需要你的人是不会告诉你这些的！所有人都会恭维你，害莫大焉！**老庄孙子**：高处不胜寒。唯大英雄能本色，是真名士自风流。守而当之，当而守之。多言数穷，不如守中。

第十章 庄严净土

关于黄帝！中央之帝！

《庄子》"天地"：黄帝游乎赤水之北，登乎昆仑之山而南望，遗失玄珠（自性、本我）。遣使名"智"之人而索之（求索），不得。

又派"离朱"（善视）去找寻，依然不得。

又使"善辩"去找，仍然不得。

最后，只得委派"象罔（类混沌）"去寻，结果找到了！

黄帝：太奇怪了！象罔怎么会得到（道）呢？**老庄孙子**：只有混沌才最究竟！《庄子》"应帝王"篇以混沌之死作结，意义深远！原文：南海之帝曰儵，北海之帝曰忽，中央之帝曰混沌。儵与忽时相与遇于混沌之地，混沌待之甚善！儵与忽谋报混沌之德，曰：人皆有七窍以视听食息。混沌独无有，尝试凿之。于是，儵忽日凿一窍，七天，混沌死。确实够疏忽的！《庄子》中的人名大有玄机。

"知北游"篇：知（智）北游于玄水（上善若水，更何况玄水）之上，登隐弅（大隐之处）之山，正好碰上"无为谓（无为还要谓）"。

知谓无为谓：我有话要问你："何思何虑则知道？何处何服则得道？何从何道则安道？"三问，而无为谓三不答。非不答，不知答也！**老庄孙子**：太上不知有之。大智无虑。

知不得问，又返回到白水（前面是黑水：玄）之南，登狐阕（智慧所处）山，看见了"狂屈（既狂狷顽鄙又委曲求全）"。知复问。狂屈：唉！我知道。正要说出口，却突然忘了该说什么。**老庄孙子**：真不愧"狂屈"！得意

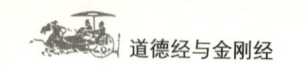

忘言，更何况得道乎！

知又不得问。只好返回帝宫问黄帝。

黄帝：无思无虑始知道，无处无服始安道，无从无道始得道。**老庄孙子**：看曾子及朱熹所注《大学》之"止、定、静、安、虑、得"之"虑"是"虚"也！一字之差，二人均谬以万里且误人误国，遗患无穷，罪莫大焉！

知：我和你知道，他们不知道，到底谁知道？

黄帝：那无为谓是真知！狂屈似是而非。

黄帝接着说：夫智者不言，言者不智（《老子》81章"显质"，56章"玄德"），故圣人行不言之教（《老子》43章"遍用"）。道不可致，德不可致。仁可为也（人为者伪），义可亏也（假仁假义），礼相伪也。故曰（也不是黄帝说的）：失道而后德，失德而后仁，失仁而后义，失义而后礼。夫礼之者，忠信之薄而乱之首。**老庄孙子**：《老子》38章"论道"！当然也不是老子说的。

故曰：为道日损，损之又损，以至于无为，无为而无所不为。**老庄孙子**：《老子》48章"忘知"！

今已为物也，欲复归根，不亦难乎？**老庄孙子**：《老子》16章"归根"，28章"反朴"。

其易也，其唯大人乎！**老庄孙子**：《老子》63章"恩始"！

生也死之徒，死也生之始，孰知其纪？**老庄孙子**：《老子》50章"贵生"，14章"赞玄"。

人之生气之聚也。聚则为生，散则为死。若死生为徒，吾又有何患。**老庄孙子**：《老子》10章"能为"，13章"猒耻"。

故万物为一也！是其所美者为神奇，其所恶者为腐朽。腐朽复化为神奇，神奇复化为腐朽。所以说"通天下一气耳"！圣人故贵一。**老庄孙子**：宇宙之始一气团尔。《老子》39章"法本"。老子之语多为黄帝言，黄帝之言亦不全是己说！所以，中华文明不止5000年矣！

知问黄帝：我问无为谓，他不应，非不应，是不知应；问狂屈，他欲言又止，不是不想，是忘了；现如今，我问你，好像知道，然而你却说我们最不知道，为何？

黄帝：无为谓是真知也，以其不知也；狂屈似是，以其忘之也；我和你终不类也，以其知之也。**老庄孙子**：扁鹊三兄弟。

狂屈听说后，以为黄帝懂得智者不言，言者不智的道理。**老庄孙子**：老子曰"知不知，上；不知知，病。所以，圣人病病，是以不病"。

最后，庄子做了综合论述：天地有大美而不言，四时有明法而不识（示），万物有成理而不说。圣人者，原天地之美，而达万物之理，所以，至人无为，大圣不作，观于天地之谓也。**老庄孙子**：《黄帝阴符经》"观天之道，执天之行，尽矣！"

今彼神明至精，与彼万化，物已死、生、方、圆，莫知其根也。遍然而万物，自古以固存。

六合之巨（大），未离其内；秋毫为小，待之成本。天下莫不沉浮，终身不故。**老庄孙子**：介子纳须弥，须弥纳介子。大则无外，小而无内，自古以固存。

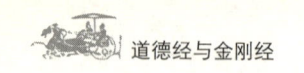

阴阳四时运行各得其序。昧然若存若亡，犹然不形而神，万物畜养而不知。此之谓本根，可以观于天矣！**老庄孙子**：道不远人，道在屎溺。观天无不覆，地无不载。上善若水，厚德载物。

"徐无鬼"：黄帝想到具茨之山拜见大隗（大道玄广而巍然空寂者），方明、昌寓驾车，张若、𬤊朋前导，昆阍、滑稽殿后。到襄城之野，七圣皆迷，无所问途。正在走投无路之时，恰逢一牧马童子（有道者）。有人上前问路：你知道具茨山吗？

童子：知道啊！

又问：那你知道大隗在哪吗？

童子：知道啊！

黄帝：异哉！小童。不但知道具茨山，还知道大隗在哪儿。请问为天下？

童子：治理天下吗，亦如此而已，何事之有？

黄帝不明白：请问，为天下。

童子：我打小就游于六合之内，得了眼病，有一长者告诉我"你乘日之车而游于襄城之野（广漠之野）"。现在，我的眼病稍有好转，正准备游于六合之外。夫为天下亦若此而已。我又有什么可做的呢？

黄帝低着头，弓着背：是啊！治天下，确实不是您的主业。尽管如此，我还是想请教怎样治天下。

童子再辞，黄帝愈发恭敬，再请。

不得已，童子：夫为天下者，难道与牧马有什么不同吗？

亦去其害马者而已矣!

黄帝再拜稽首,称颂童子为天师(大宗师)。**老庄孙子**:治大国如烹小鲜,顺其自然,不可妄为。治天下如牧羊然,视其后者而鞭之。

"盗跖"篇中,庄子借盗跖之口两次批评黄帝:远古有有巢氏、燧人氏、神农氏,人与人之间无有相害之心,此至德之隆也。然而黄帝不能至德,与蚩尤战于涿鹿,流血百里。

接着,骂孔子之学不足贵,随后说"世之所高,莫过于黄帝,黄帝尚不能全德,而战于涿鹿之野,流血百里。尧不慈,舜不孝,禹半身不遂,汤流放其主,武王伐纣,文王拘羑里。此七子者,世之所高,孰仔细论证过?皆以利惑其真而强反其情性,其行为乃甚可羞也"。**老庄孙子**:祖述尧舜宪章文武,是孔子对中华文明最大的贡献!此七圣已如此,孔子更遑论。

"天下"篇庄子批评黄帝:毁古之礼乐,黄帝作"咸池"。**老庄孙子**:舜之"韶乐",孔子赞其为尽善尽美!

黄帝求道、悟道篇。

著名的黄帝向广成子求道,详见《庄子》"在宥"篇,前已述。是又吃瘪,又求道,也悟了道。

"天运"篇:北门成(黄帝大臣)问黄帝:"你作'咸池'之乐于洞庭之野,我始闻之惧,再闻之怠,最后闻之则惑,荡荡默默,不能自得,何以故?"

黄帝:大概是这样的!我奏之以人,徵之以天,行之以礼义,建之以太清。夫至乐者(见庄子对至乐的论述),先应之以人事，顺之以天理，行之以五德（五行或仁义礼智信？我取前），应之以自然，然后调理四时，太（泰）和万物，四时迭起，万物循生；一盛一衰，文武经纶；一清一浊，阴阳调和，流光其声；蛰虫始作，我惊之以雷霆；其足无尾，其始无首；一死一生，一偾一起（孔子之不愤不启）；所常无穷，而一不可待。所以，你故惧也。

我又奏以阴阳之和，烛以日月之明，其声能短能长，能柔能刚，变化齐一，不主故常，在谷满谷，在坑满坑。塞郄守神，以物为量。其声挥绰，其名高明，所以，鬼神守其幽，日月星辰行其纪。我止之于有穷，流之于五止。我欲虑之而不能知也，望之而不能见也，逐之而不能及也。傥然立于四虚之道，倚于槁梧而吟；兴充虚空，与其委蛇。你委蛇了，故怠。

我又奏之以无怠之声，调之以自然之命，故若混沌丛生，林乐而无形（地籁），布挥而不曳，幽昏而无声，动于无方，居于窈冥，或谓之死，或谓之生；或谓之实，或谓之荣。行流散徙，不住常声。世疑之，稽于圣人。圣人者，达于情而遂于命也。天机不张，而五官皆备，此之谓天乐，无言而心悦。故有炎氏（炎帝）为之颂曰"听之不闻其声，视之不见其形，充满天地，包裹六极（《老子》14章"赞玄"）"。你想听但又接续不上，所以，惑也！

所谓音乐啊！始于惧，惧故戒；我又次之以怠，怠故遁；卒之于惑，惑故愚；愚故道，道可载而与之俱也。**老庄孙子：大智若愚，先成魔，后成佛。忘我、混沌、得道，黄帝得道，以登云天。内圣则白日飞升，外王则共产主义，**

能如此,前无古人后无来者!终日挥行而神气无变,俯仰万机而淡然自若。

又扯远了!不得已,总想给大家以完整的黄帝印象,让世界知道何谓炎黄子孙!

接着说六祖慧能。慧能一连说了五个"何其自性"。五祖认为他确实大彻大悟了。说:不识本心,学法无益。若识自本性,见自本性,即名大丈夫!天人师!佛!**老庄孙子**:即老子之真人,庄子之大宗师、应帝王,孔孟之大丈夫,释迦之顶天立地、唯我独尊。

于是乎,五祖三更授法于慧能,人尽不知,传顿教心法暨禅宗衣钵授记:自此,你即为第六代祖,善自护念,广度有情,一花开五叶,结果自然成。**老庄孙子**:花开花落,叶落归根,本自具足的东土震旦,有大乘气象的庄严净土!佛度有缘人。

第十一章　无为福胜

须菩提！如恒河中所有沙数，如是沙等恒河，于意云何？是诸恒沙，宁为多不？

须菩提：甚多，世尊！但诸恒河尚多无数，何况其沙？

须菩提！我今实言告汝，若有善男子、善女人，以七宝满尔所恒河沙数三千大千世界，以用布施，得福多不？

须菩提：甚多，世尊！

佛告须菩提：若善男子、善女人，于此经中，乃至受持四句偈等，为他人说。而此福德，胜前福德。

梁太子直接以"无为"命题！

此章是更为夸张地表述"施若恒沙不若传经布道！"所谓"一沙一世界"即源于此。四句偈，功德就如此不可思议！那释迦牟尼讲经49年，阅经书万卷，著书汗牛充栋，八万四千法门，其福德该怎么算？又从何修起？

想起《牟子理惑论》，有人诘问牟子：夫至实不华，至辞不饰。言约而至者丽，事寡而达者明。所以，珠宝因为少才名贵,瓦砾因为多而低贱。圣人制七经,不过三万言,众事备焉!**老庄孙子**:《老子》五千言,《黄帝阴符经》三百言。

今佛经卷以万计,言以亿数,非一人所能堪也!我以为繁而不得要领。**老庄孙子**:晏子说孔学"累世不能殚其学,穷年不能究其礼"。精辟!

梁太子本章名起得也好:"无为福胜"!星云大师解:"恒沙七宝不如无为。"其实,解为"施若恒沙"而不刻意更为妥当,也就是"但行好事,莫问前程"更究竟。**老庄孙子**:无为是黄老、老庄思想精华!遍处佛经之翻译,亦是佛学核心!传经布道也是有为。

怎样才算无为?《庄子》"德充符"篇孔子崇拜的人物与王骀相类似,前文已有。

接下来,鲁哀公问仲尼:卫国有一奇丑无比之人,名曰哀骀它。男人与之处,留恋他不愿离去;女人见到他,回家央求父母"不愿做人妻,宁可为其妾",这样的女人,不止数十。没见过他倡导什么,只一味"和人"而已矣!他没有君王之位去救死扶困;也没有爵禄财富济人腹饥;长得又那么难看;一团和气,也看不出多有智慧。奇怪的是,男男女女(众生)都争先恐后依附于他,他到底是个什么样的人呢?

我百思不得其解,于是,命令手下把他找来。呵!果不其然,真是丑得可以!不忍看第二眼,后悔第一眼。硬着头皮把他留了下来。

不到一个月,我就感觉到他的不一般了;不到一年,我就没法不信任他了。恰逢鲁国宰相位置空缺,便主动地把国

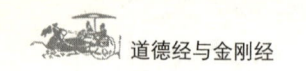

家让给他治理。可他竟然没什么反应！吭哧半天，勉为其难接受了却又要推辞。我羞愧之极，干脆把王位让给他！没几天，他跑了，连个招呼都没打！我那个郁闷啊，每天像丢了魂似的，再也找不到任何乐趣。他到底是个什么样的人那？

仲尼也很会讲故事：我曾经去过楚国，路途间，碰见一群小猪仔在拱吃死母猪奶，瞬间都惊慌逃窜。为什么？不见了活着的母猪，与自己一样的那个猪之所以为猪的东西不见了。所爱其母者，非爱其形也，爱使其形者也！

就像战败之死者，是不能葬以棺椁服饰的；无脚之人，鞋对他已无意义。皆失其本也。作为天子的侍从，女的不剪指甲，不穿耳环；男子娶妻则不能在宫内服役。形体健全的人尚且如此，更何况大德之人呢？

哀骀它，未言而信，无功而亲，使人授己国，唯恐不受，他肯定是位才全而德不形者也。**老庄孙子**：自性本自具足又不外露。

鲁哀公：何谓才全？

仲尼：死生、存亡、穷达、贫富、贤不肖、毁誉、饥渴、寒暑，这些变化，命之行也。日夜交替，人类那点小智难窥其初始。这些都不能搅扰他的本性，不能入于他的灵府。心性和谐安逸，通达万物而不失其至乐，永不间断，并总是春意盎然，生生不息，天人合一。这就是才全！**老庄孙子**：大智慧。

鲁哀公：何谓德不形？

仲尼：平者，水停之盛也，其可以为法也（水平）。

像大海,内在平稳而不外荡(列子"九渊")。德者,是纯和的修养。淳德内守,万物聚之。这就是德不形。**老庄孙子**:为政以德,譬如北辰,居其所而众星拱之。无为无不为。以此观之,梁太子名字起得有点大。

几天后,鲁哀公以此告诉闵子骞:始也我以为南面而君天下,执民之纪而忧其死,我自以为至通矣!如今我听闻至人(孔子)之言,恐怕我是个有其名、无其实之人,轻用吾身而亡其国!我和孔丘非君臣关系,是以德为友的知音!**老庄孙子**:孔子被鲁哀公称为至人!但也确实没重用他。

《老子》第二章"养身":是以圣人处无为之事,行不言之教,万物作焉而不辞,生而不有,为而不恃,功成而弗居,夫惟弗居,是以不去。

第四十八章"忘智":为学日益,为道日损,损之又损以至于无为,无为而无不为。取天下常以无事,及其有事,不足以取天下。**老庄孙子**:南师仅以此就断定老子没说"无为而无所不为"。

第五十七章"淳风":以正治国,以奇用兵,以无事(为)取天下。吾何以知其然哉?以此。天下多忌讳,而民弥贫;民多利器,国家滋昏;人多伎巧,奇物滋起;法令滋彰,盗贼多有。故圣人云,我无为而民自化,我好静而民自正,我无事而民自富,我无欲而民自朴。**老庄孙子**:此处说的是专治君王、统治者。

第六十三章"恩始":为无为,事无事,味无味。大小多少,报怨以德。

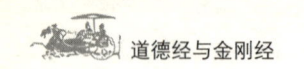

老庄孙子：无为是大智大慧大慈大悲、大金刚力，是涅槃，是诸恶莫做、众善奉行的福德资粮，如如不动又能普度众生，无为而无不为。

得了道的女神（如维摩诘金屋藏娇之天女）。

《庄子》"大宗师"篇，在充分记述得道"真人"之后，第一个举例说明的就是女偊。

南郭子綦（有道者）问女偊："您这么大岁数，看上去还像少女一样，为何？"

女偊：我得道矣！

南郭子綦：道可以学吗？

女偊：不！绝对不可！你不是那样的人。像卜梁倚那样的人，只有圣人之才，而无圣人之道；我则是只有圣人之道而无圣人之才。如果把我的圣人之道教给他，或许他真能成为圣人呐！反之，将圣人之才教给圣人之道者，也是可以的。

我还是坚持以我的道教诲他，结果，三天，则外天下；继续，七天，则能外物；再坚持，九天，则能外生；然后朝彻（明心见性，像出生的太阳，无所不照）；尔后见独（虚室生白，无所不知，无所不晓）；之后，则能无古今（无时间概念）；尔后入于不死不生寂灭永恒的境界。

与道为一，杀生者不死，生生者不生；然后，大慈大悲，普度众生。其为物，无不将也、无不应也、无不毁也、无不成也！其名谓"撄宁"。撄宁也者，撄而后成之者也！**老庄孙子**：应无所住而生其心！苦集灭道、成住坏空、常乐我净，无为恬淡、虚极静笃、广漠至乐，都是她的所为和表征！

第十二章　尊重正教

　　复次,须菩提!随说是经,乃至四句偈等,当知此处一切世间、天人、阿修罗,皆应供养,如佛塔庙。何况有人,尽能受持读诵?

　　须菩提!当知是人成就最上第一稀有之法。若是经典所在之处,即为有佛,若尊重弟子。

　　释迦牟尼一而再,再而三地强调信奉、供养、传诵此经的极端重要性,为其最终成为宗教奠定了基础。只有精神、真理永恒!其他一切都是无常。

　　题目"尊重正教",意思是明心见性,不要跑偏。首要的是心正、意诚,心诚则灵。《大学》里论述的最好!当然,释迦以为正教者,莫过于《金刚经》了。

　　星云大师说尊重正法平等流布,也是解脱、普度众生之意。

　　关于解脱、放下。

　　《庄子》"德充符"篇,申徒嘉收拾郑国宰相子产可为

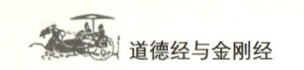

参证。

子产是春秋战国著名宰相之一，堪与晏子、管仲一比，助郑国称霸诸侯。

申徒嘉，是一位失去双脚的有道者，他与子产同师于伯昏无人（有大道者，也是列子老师，《列子》中也有记载）。子产耻于与他为同学，便约定：我先走你后走，或者你先走，我后走。申徒嘉置之不理，依旧和他同出入。

第二天，两人又同席而坐，下课了，子产又很不耐烦对申徒嘉说：我已经说过了，要么我先走，要么你先走！现在，我要走，你留还是不留？你见到执政者不回避，难道想和我平起平坐吗？

申徒嘉：老师的门下有执政者吗？恐怕只有弟子、同学！你眼里只有宰相没有人（失去了自我）。我听说："明镜不染尘，染尘非明镜（六祖、神秀合二而一）。久与贤人处则无过矣！"在这里，只有先生最大，你竟出此狂言，不是太过分了吗！

子产不屑：你都这样了，还在此与尧争善！就你那德行，还不好好反省反省自己！

申徒嘉：自状其过以不当亡者众，不状其过以不当存者寡！知不可奈何而安之若命，唯有德者能之。老庄孙子：孔子曰："未见能见己过而能自讼者也！"老子之"圣人病病是以不病"！

申徒嘉：不幸走进羿的射程，却没被射中，这就是命。有人以全足笑我无足，我很愤怒。可到了先生这里，我却愤怒全消。我不知，是先生洗我以善，还是我醒悟了？我跟先生已经19年了！从未感觉我是个没脚的人。而你与我游于形骸之内，却索我于形骸之外，不是太过分了吗！**老庄孙子**：形而下者谓之器，形而上者谓之道。以形下之器求形上之道，子产之过也！

子产汗颜、不知所措、自惭形秽、愧悔不及，拱手作揖：对不起！请不要再说了，实在对不起！**老庄孙子**：子产就是子产！

关于世间，《庄子》有一篇专论"人间世"，即欲界天，人间万象，如何过好，大大地不容易。想修到色界、无色界那是难之又难！释迦之所以一再强调信奉、供养佛经，其最终目的还是让众生解脱人间痛苦。至于那些伟人、圣人们解脱后的入世救助一切苦难，则是更难，这也正是之所以称他们是伟人、圣人的原因！

庄子论解脱后怎样入世。"大宗师"篇：以刑为体，以礼为翼，以智为时，以德为循。以刑为体者，绰乎其杀也；以礼为翼者，所以行于世也；以智为时者，不得已于事也。

以德为循者，说的是就像有脚的人能登上山丘，人们以为他是勤行者。所以，其好之也一，其不好之也一。其一也一，其不一也一。其一者与天为徒，其不一者以人为徒，天人合一，这就是真人的所为。**老庄孙子**：以出世心做入世事。

阿修罗，意为容貌丑陋者。《庄子》中特别是"德充符""大宗师"篇几乎全是相貌丑陋，德行完备者。随便拣选一例。

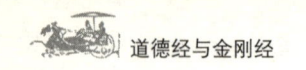

子祀、子舆、子犁、子来四人相与语曰：孰能以无为首，以生为脊，以死为尻；孰知死生存亡之一体者，我们就与他为友。

四人相视而笑，莫逆于心，遂相与为友。俄尔，子舆有病，子祀往视之。

子舆：伟哉！造物主将我弄成这样的。弯腰驼背，五脏血管朝上，脸夺拉到肚脐，两肩高出头顶，颈椎鼓出朝天，阴阳紊乱。尽管如此，他却气定心闲，一瘸一拐地来到井边一照：嗟乎！是造物主把我弄成这样的啊！

子祀：你讨厌这样吗？

子舆：不！我一点也不讨厌！假使造物主将我左臂化为鸡，我就去司夜打鸣；如果把右臂化为弹，我就去打飞禽烤着吃；如果把我的屁股化为轮子，将我的精神化为马，我就驾驶周游世界！

况且，得者，时也；失者，顺也。安时而处顺，哀乐不能入也，此古之所谓"悬解（解脱）"也。不能解脱，那是被外物束缚住了。更何况，人定不能胜天，所以，我又有什么可以讨厌的呢？

俄而，子来有病，喘喘然将死。其妻、子环而哭泣之。子犁到来，呵斥：闪一边去！不要惊扰他的物化。随后，倚着子来将要死的身体吟唱：伟哉！造化。他会将你变成什么呢？你又要到哪里去呢？以汝为鼠肝乎？抑或虫臂乎？

子来喘息片刻：孩子于父母，东西南北，唯命是从。阴阳于人，不啻父母。他让我死，我如果不听，那无异于违背父母意愿，他们（阴阳）何罪之有？

夫大块（地球）载我以形，劳我以生，佚我以老，息我以死。故善吾生者，乃所以善吾以死也。

就好比大工匠冶炼铸金，金属突然从炉子里跳出来大叫：我一定会成为莫邪！工匠一定会吓得半死，以为不祥之兆。也好比我们人类一旦有了人形于是乎大喊"我是人！我是人！"造物主也必然以为是不祥之物。我们何不以天地为大炉，以造化为工匠，去哪里不行呢？于是，子来沉沉地睡去（入定），又悠然自得地醒来（觉醒）。**老庄孙子：**何谓禅？饥来吃饭困时眠，自然而然。干将、莫邪，也称镆铘。夫妻名，后因铸名剑，一名干将，一名莫邪。

第十三章　如法受持

　　尔时须菩提白佛言：世尊！当何名此经？我等云何奉持？

　　佛告须菩提：是经名为《金刚般若波罗蜜》，以是名字，汝当奉持。所以者何？

　　须菩提！佛说般若波罗蜜，既非般若波罗蜜，是名般若波罗蜜。

　　须菩提！于意云何，如来有所说法不？

　　须菩提：世尊！如来无所说。

　　须菩提！于意云何，三千大千世界所有微尘，是为多不？

　　须菩提：甚多，世尊！

　　须菩提，诸微尘，如来说非微尘，是名微尘。如来说世界，非世界是名世界。老庄孙子：野马者，尘埃也，微尘也，粒子也。尘垢秕糠犹能陶铸尧舜者也！尘垢，垃圾中的垃圾。

　　须菩提！于意云何，可以三十二相见如来不？

　　须菩提：不也，世尊！不可以相得见如来。何以故？如来说三十二相,即非相,是名三十二相。

须菩提!若有善男子、善女人,以恒河沙等身命布施。若复有人,于此经中,乃至受持四句偈等,为他人说,其福甚多!

本章最大看点是须菩提也会完整地说"所谓……即非……是名……"了!此句型也是在此章才得以最完整表达。

本章的主题是给释迦牟尼这次讲经命名《金刚般若波罗蜜经》即《金刚经》。意思是,真如法性如金刚钻之坚固、猛利,无坚不摧,连虚空都能粉碎,扫除一切诸法,纤尘不留。

释迦依然故我地强调"施若恒沙不若传经布道",只是更加夸张!更残酷!用三千大千世界所有微尘那么多的,以及每一粒沙都是一个三千大千世界、恒河沙那么多的生命(人类至今才60亿)去布施还不如受持、供奉、传播本经乃至四句偈所得福报多!

一边说"所谓……即非……是名……",很是辩证;一边又更加极端地表白《金刚经》乃至四句偈的极端重要!不惜一切生命。有点孔子"杀身成仁",孟子"舍生取义"的味道。**老庄孙子**:确实不如老子"圣人,后其身而身先,外其身而身存",以及"功成、名遂、身退,天之道也"来得好!

《庄子》"让王"篇:尧让天下给许由,许由不受。又让子州之父。

子州之父:以我为天子,可以考虑。只是,我现在有点

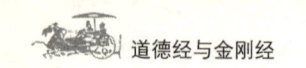

郁闷，正在调理、治疗，还无暇去治天下。

庄子评论：天下至重也，而不以害生，又况他物乎？唯无以天下为者，可以托天下。**老庄孙子**：命之不存，何来自由、幸福云？

尧不得已，禅位给了舜。几十年过去了，舜帝年龄大了，想休息了，也满天下寻找接班人。又找到了子州之父。子州之父用回答尧的话一字不差地回敬了舜。

庄子又评论：天下，大器也！而不以易生，此有道者之所以异乎俗者也。**老庄孙子**：老子之"贵以身为天下者**或**可以寄天下；爱以身为天下者**或**可托天下"。

周文王的祖父亶父，开始居于邠地，狄人来犯。亶父赠以大量皮帛，不行！又奉献大量犬马，不行！又加以大量珠宝，还是不行！狄人所要的就是土地！

亶父聚集群臣商议：和其兄在一起，就必须杀其弟；与其父在一起，就必须杀其子。这样的事，我是不忍心干的！我希望所有人都能和谐相处。因此，作为我的臣民与做狄人的臣民又有什么区别呢？且我听说，不以所用害所养。

于是乎，亶父拄着拐杖毅然离去！而民众也争先恐后跟随他，连绵百里。最后在岐山之下定居，奠定周朝800载天下！

庄子评价：太王亶父，可谓是善尊生矣！善尊生者，虽富贵不以养伤身，虽贫贱不以利累形。今世之人，居高官尊爵者，蝇营狗苟，太看重其得失了！见利而轻亡其身，岂不惑哉！**老庄孙子**：岂不哀哉！悲哉！可怜哉！子产、孔子、老子论丢镰刀的故事。

至于三十二相以及八十种好等等,不过是释迦牟尼因人施教、传经布道的方便法门而已!八万四千法门,门门可入。即俗语,见人说人话,见鬼说鬼话。譬如,释迦借阿难嫖娼、不能自拔之机为其说法;维摩诘,借病教化、开示释迦若干最优秀弟子,包括文殊菩萨。孔子更是有教无类、因人施教的典范!同样一件事,譬如问仁,因弟子不同,回答的也不一样。问孝更是!以至于后人摸不着头脑。至于神通,另当别论。

第十四章　离相寂灭

尔时须菩提，闻是说经，深解义趣，涕泪悲泣，而白佛言：稀有！世尊！佛说如是甚深经典，我从昔来（天生的）所得慧眼，未曾得闻如是之经。

世尊！若复有人，得闻是经，信心清净，则生实相，当知是人，成就第一稀有功德。

世尊！是实相者，即是非相，是故如来说名实相。

世尊！我今得闻如是经典，信解受持，不足为难。若当来世后500岁，其有众生，得闻是经，信解受持，是人即为第一稀有。

何以故？此人无我相，此人无我相，无人相，无众生相，无寿者相。

所以者何？我相，即是非相；人相、众生相、寿者相，即是非相。

何以故？离一切诸相，即名诸佛。

佛告须菩提：如是！如是！若复有人，得闻是经，不惊、

第十四章 离相寂灭

不怖、不畏,当知是人,甚为稀有。

何以故?须菩提,如来说第一波罗蜜,即非第一波罗蜜,是名第一波罗蜜。须菩提!忍辱波罗蜜,如来说非忍辱波罗蜜,是名忍辱波罗蜜。何以故?

须菩提!如我昔为歌利王割截身体,我于尔时,无我相,无人相,无众生相,无寿者相。

何以故?我于往昔节节肢解时,若有我相、人相、众生相、寿者相,应生嗔恨。

须菩提!又念过去,于500世,作忍辱仙人,于尔所世,无我相、人相、众生相、寿者相。

是故须菩提!菩萨应离一切相,发阿耨多罗三藐三菩提心。不应住色生心,不应住声香味触法生心,应生无所住心。若心有住,即为非住,是故佛说菩萨心,不应住色布施。

须菩提!菩萨为利益一切众生,故应如是布施。如来说一切诸相,即是非相。又说一切众生,即非众生!

须菩提!如来是真语者,实语者,如语者,不诳语者,不异语者。

须菩提!如来所得法,此法无实无虚。老庄孙子:维摩诘、庄子的真谛。

须菩提!若菩萨心住于法而行布施,如人入暗,即无所见,若菩萨心不住法而行布施,如人有目,日光明照,见种种色。

须菩提!当来之世,若有善男子、善女人,能于此经,受持读诵,即为如来以佛智慧,悉知是人,悉见是人,皆得

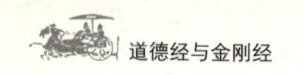

成就无量无边功德。

这是《金刚经》最长的一章！650余言。释迦到底想要表达什么呢？庄子一言"无待"而已。

第一，忘我、忘身，所截也好，肢也罢，都无知觉。即老子之"及吾无身，吾有何患？""无为无不为"是也！关公刮骨疗伤是也！颜回"坐忘""堕肢体"是也！星云大师"四相寂灭起大乘行"是也！即是金刚之毅力，也是修行、修炼之结果。

《庄子》"德充符"篇记载：一位名叫闉跂支离无脤，残疾、相貌奇丑之人游说卫灵公，灵公极为高兴！视之为全人，全德之人。而看见健康之人却以为奇丑。有一位名叫瓮㼜大瘿，残疾、相貌奇丑之人去游说齐桓公，桓公极为高兴！视之为全人，全德之人。而见健康之人却以为奇丑。

庄子评论：故德有所长而形有所忘。人不忘其所忘而忘其所不忘，此谓诚忘！**老庄孙子**：该忘的不忘，不该忘的瞎忘！人相忘于道术，鱼相忘于江湖，这是真忘。

所以，圣人有所游（乘天地之正，御六气之变而游乎四海之外），而智慧是其孽障，约法是其胶漆，施惠是其烦碍，工巧是其商贩。

圣人不谋，焉用智？不断，焉用胶？无丧（于道），焉用德？不货，焉用商？此四者，不入于心，天食也！既受食于天，又焉用人？**老庄孙子**：老子之"袭明"：善行无辙迹，善言无瑕谪，善数不用筹策，善闭无关键而不可开，善结无绳约而不可解。是以圣人常善救人，故无弃人；常善救物，故无弃物，是谓袭明！

第二，进一步讲"应无所住而生其心"。六祖论述的极好！佛祖、菩萨、圣人、真人大彻大悟后都会生发大慈大悲心，明知不可而为之，下地狱、上刀山、入火海，不避千难万险，也要普度众生！孔子悟道后"乐天知命故有忧"，给人类留下文明、文化、思想的种子；黄帝不但实现了"华胥梦"，自己还成了神仙；老子智慧、大德不仅普照了东方，还毅然决然地西域流沙同样照亮了西方世界，不论过去还是现在！维摩诘则是帮助释迦牟尼教化、点悟众多最优秀的弟子，使其心印、衣钵得以正传。**老庄孙子**：从这个角度讲，梁太子取名"寂灭"又有点窄，消极，和他爹梁武帝一样只限于小乘！

《庄子》"大宗师"开篇：啮缺问于王倪，四问四不知。**老庄孙子**：在"齐物论"中啮缺问王倪"子知物之所同是乎？子知之所不知也？然则物无知邪？子知利害乎？"此问也。随后又问："你不知道厉害，难道至人也不知道厉害吗？"王倪回答：至人神矣！大泽焚而不能热，河汉冻而不能寒，疾雷破山、飘风振海而不能惊。若然者，乘云气，骑日月，而游乎四海之外，死生无变于己，而况厉害之端乎？还是小乘！

啮缺非常高兴，跳起来跑着去告诉蒲衣子。**老庄孙子**：舜帝之师。

蒲衣子：你现在知道了吗？有虞氏（舜）不如泰氏（太昊、伏羲氏）。有虞氏其犹藏仁以要（聚人之术），亦得人矣，而未始出于非人（天地不仁以万物为刍狗）。泰氏其卧徐徐，其觉迁迁。一以己为马,一以己为牛(呼牛唤马,名而已矣)。其智情信,其德甚真,人与非人都不能搅扰他。**老庄孙子**:老子之"孰能浊以静之徐清;孰能安以动之徐生"。对于大德者的描述:"孔德之容,惟道是从。道之为物,惟恍惟惚。惚兮恍兮,其中有象;恍兮惚兮,其中有物;窈兮冥兮,其中有精。其精甚真,其中有信。自古及今,其名不去,以阅(观照)众甫(众生)。吾何以知众甫之状哉?以此!"

肩吾见楚狂陆接舆。

接舆:日中始(多好的名字!)是如何教导你的?

肩吾:他说"君人者(领导者)以己出经式义度(孔子的梦想),人孰敢不听而化诸?"

接舆:是欺德也!

接舆:他那种治天下的方法,就像涉海凿河而使蚊负山也!夫圣人之治,难道是治外吗?正(正等正觉、清净乃为天下正、正心)而后行,确乎能其事者而已矣!况且,鸟都知道高飞以避免箭矢的射杀;鼷鼠也知道深挖穴于神坛之下以避熏凿之患,难道你们连鸟鼠都不如吗?**老庄孙子**:立天子、置三公选贤任能,然后为政以德,譬如北辰,坐进此道。

庄子的真正寓言:天根游于阴阳,至蓼水(水深湛寂寥而有香气如天女散花,梁太子"寂灭"境界不可比)之上,适遭无名人(任牛任马)而问焉:请问为天下?**老庄孙子**:还有比庄子更会讲故事、比喻的人吗?前无古人后无来者!

无名人:去!汝鄙人也!你的问题让我很不愉快!我方将与造物主为友,厌烦了则又乘夫渺茫之鸟,以出六极之外,

第十四章 离相寂灭

而游于无何有之乡，以处圹埌之野，你又为何以所谓治理天下来蛊惑我、搅扰我的心灵呢？

天根不知趣，还问治天下。

无名人不得已，无奈：游心于淡，合气于漠，顺其自然而无容私焉，则天下治矣！**老庄孙子**：虚无恬淡，寂静无为，无为无不为。

杨朱（拔一毛利天下而不为者）请教老子：有人如此，敏捷、强梁（强悍）、果断，鉴物洞彻，通达明察，学道不厌，诲人不倦（说的是孔子，二人不睦。孔子也在老子处状告过杨朱）。像这样的人，算得上"明王（圣人）"吗？**老庄孙子**：老子还说"强梁者不得好死"！

老子：这种人，与圣人比，顶多算小小狱吏、能工巧匠者，是劳心怵形之人。就像虎豹漂亮的皮毛引来猎人；猿猴的敏捷，狗能捉狐狸而招致人类的拘系。这样的人，怎可比明王？

杨朱愈发恭谨：请问圣人之治？

老子：所谓圣人之治，是"功盖天下而似不得已，化贷万物而民弗恃。有莫举名，使物自喜（百姓皆谓我自然）。立乎不测，而游于无有者也"。**老庄孙子**：老子之"生而不有，为而不恃，长而不宰，功成而不处，不欲见贤，利而不害，为而不争，是谓玄德"。"道隐无名，夫惟道，善贷且成"。孔子"阴阳不测之谓神"。

本章题目，梁太子只说了一半，丢了更重要的另一半！所谓"离相"即是庄子所说"无执、无待"；"寂灭"类

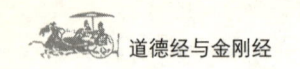

似老子之"虚极静笃",静极生慧,生大智能且大智若愚,当然也生神通。只是太消极,包括断灭、无常等。即便是前知、后知 500 年,在老庄眼里那也只是"前识者,道之华而愚之始"!

有位禅僧开悟偈说《金刚经》是"心冷如水,眼中似火"。**老庄孙子曰**:庄子是"眼太冷入木三分世事洞明,心太热慈悲胸怀普度众生"。鲁迅则是学了庄子前一半"字里行间透着吃人二字",但却不能为人类提供治世良方!至于李白顶多似楚狂陆接舆,狂妄、傲慢、浪漫。

第十五章　持经功德

须菩提！若有善男子、善女人初日分以恒河沙等身布施，中日分复以恒河沙等身布施，后日分亦以恒河沙等身布施。如是无量百千万亿劫，以身布施。

若复有人闻此经典，信心不逆，其福胜彼；何况书写、受持、读诵，为人解说。

须菩提！以要言之，是经不可思议，不可称量，无边功德。如来为发大乘者说，为发最上乘者说。

若有人能受持读诵，广为人说，如来悉知是人，悉见是人，皆成就不可量、不可称、无有边、不可思议功德！如是人等，即为荷担阿耨多罗三藐三菩提者！老庄孙子：此"不可思议"非释迦悟道、传道之"不可思议"！

何以故？须菩提！若乐小法者，着我见、人见、众生见、寿者见。即于此经不能听受诵读，为人解说。

须菩提！在在处处，若有此经，一切世间天、人、阿修罗，所应供养。当知此处即为佛塔，皆应恭敬，作礼围绕，以诸

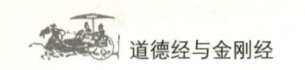

花香而散其处。

所谓初日、中日、后日，即上午、中午、下午。

此章，释迦牟尼透露出本经最大玄机"不可思议"，"如来发大乘说"，而非"小法"小乘，是"为发最上乘者说"！说的是大乘！是为想成就大乘者说的！

如何成就大乘？无他，只有"不可思议"唯一法门！

还在不停地更加夸张地强调"施若恒沙不若传经布道"说，只要一闻听此经，其福德超过三条恒河沙那么多乃至无量百千万亿劫的等身生命布施！真有点孔子"朝闻道，夕死可也"的味道。南师也说：释迦牟尼很会做广告，极善于推销自己！**老庄孙子**：应拨打"3·15"电话。假倒不一定，虚是没问题。

真正一下子就能达到释迦所谓的"大乘"境界，千古以来只有六祖慧能一人！其他都是以神秀为代表的走经由小乘、渐修、证道的路线。从这个角度讲，六祖就是释迦本章所说的那位"荷担阿褥多罗三藐三菩提"者！六祖功德确实无量、无边、不可思议！也确实最符合老子之"道可道，非常道；名可名，非常名"那个真道、实名！实至名归。是同出而异名，名实一也，同谓之玄，玄之又玄，众妙之门啊！六祖！吾无间然矣！

注意！没有小乘的修为，所谓"大乘"也只是空中花、水中月！如颜回，虽看破红尘，先于孔子悟道，只可惜仅仅活了41岁就死于非命！不然，孔学、道学、佛学等等等等何至于今日？一叹再叹！

第十五章　持经功德

当然，释迦所谓的"大乘"境界也是我们古圣先贤所共同追求的人生终极目标。如盘古之"一"划，伏羲之"太极"，《易经》之无极，老子之"无中生有"，庄子之"未始有有未始有无也者"，黄帝的梦想成真等等。

列子算得上大乘吗？在《列子》各篇中都穿插有列子故事，选一个黄帝篇中的。

列子有一位老师名老商氏，好友伯高子，列子向两人求道，然后，乘风而归。**老庄孙子**：《庄子》中有列子御风，庄子批评他依然有待。

有位叫尹生的人听说后，即来拜列子为师。数月后，一无所获。尹生郁闷，便找了个机会，问列子原因。问了十次，列子十次不答。尹生一气之下，离列子而去。列子也没挽留，任来去自由。

过了一段时间，尹生心有不甘，又回到列子处。

列子：你这人，怎么反复无常啊？

尹生：以前，我向你求道，你不理我，所以我恨你。我回去后，闭门思过，不觉释然，所以我又回来了。

列子：过去，我以为你是个很通达的人，现在看来，你是俗得不能再俗了！坐吧，我就给你讲讲我的修学悟道经过：自从我向老师和朋友求道，三年来，心不敢念是非，口不敢言厉害，才赢得老师一瞥的眷顾。

五年之后，心更念是非，口更言厉害，才赢得老师破颜一笑的恩德。**老庄孙子**：悟道前，见山是山，见水是水；参禅时，见山不是山，见水不是水；悟道后，见山还是山，见

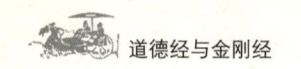

水还是水。

七年后，从心之所念，更无是非。从口之所言，更无利害，才赢得老师让我一坐的优待。**老庄孙子**：维摩诘之"善能分别诸法相，于第一义不动"。

九年以后，不管心之所念，也不管口之所言，也不知我之是非厉害，亦不知彼之是非厉害，更不知老商氏为我师、伯高子是我友，内外进矣！**老庄孙子**：得大自在！

列子学成后是什么样子呢？

而后，眼如耳，耳如鼻，鼻如口，无不同（通）也！心凝形释，骨肉都融。不知形之所倚，足之所履，随风东西，犹木叶干壳竟不知风乘我也，我乘风乎？**老庄孙子**：庄子之梦蝶，蘧蘧然，庄周也，蝴蝶乎？《**楞严经**》里的六根并用互通，出神入化。

列子继续：你才几天就怨恨满胸。你的身体，气都没顺，更谈不上化。骨头硬的大地都难以承载，何况虚空？还想履虚乘风，不是做梦吗？

尹生甚怍，屏息良久，不敢复言。

孔子悟道后的忧虑，那是大乘境界，在《庄子》里是没有的！是列子的高于庄子处！《庄子》中孔子是如何内圣，而《列子》中的孔子则是如何外王、素王！两人合二而一，再加上四书五经，才构成完整的孔子的大乘气象！缺一不可！同时老子又是孔子极为重要的导师！可以说，没有老子，不会有真正的孔子！没有庄子和列子、晏子，谁也不会了解真正的孔子！孟子则差之甚远！

《列子》专设"仲尼"篇。**南师**是这样评论的:"我们要特别注意了!后世讲中国文化,尤其是唐宋(其实,汉武帝、董仲舒时就已罢黜百家独尊儒术)以后,把儒道两家分得很严重。实际上,上古以来的道家,如《庄子》《列子》,可以说都是非常捧孔子、捧儒家思想的,特别是在这一篇里(高于庄子处),更可以看得出来!不但儒家(孔子)注重修养,我们学佛修道的人更特别注意修养。大家学禅修定,就要知道儒家这些做功夫的方法,更为简单,原则也统统说得很清楚!"

仲尼闲居,子贡入侍,见老师面有忧色。子贡不敢问,出告颜回(可见颜回高于子贡),颜回援琴而歌。孔子闻之,果然召唤颜回入室(不是登堂),问:为何自己独乐?**老庄孙子**:独乐与众乐。

颜回:那您为何独忧?**老庄孙子**:知我者谓我心忧?不知我者谓我何求?

孔子:先说说你的想法。

颜回:过去,我听夫子您说"乐天知命故不忧(见《论语》)",这既是我之所以乐者。**老庄孙子**:乐天知命,明心见性后的至乐。出世的小乘、自了汉!

孔子惘然有间,曰:我是说过!但你并没有理解它的真意。这是我过去说的,请以现在说的为准。你只知道乐天知命之无忧,未知乐天知命有忧且忧更大也!**老庄孙子**:孔子是典型的渐悟。大悟之后的悲天悯人。孔子就是入世的佛、大乘,就是中国的维摩诘!有人评价南师也是维摩诘。或许

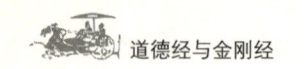

老子西域流沙再造了一个孔子样的维摩诘。

孔子接着说：现在，我就把全部（修道、修养、做学问等等）实情告诉你！**老庄孙子**：前一章释迦说"佛不说诳语"。

孔子：修一身，任穷达，知去来之非我，无变乱于心虑，这就是你也是我过去所说的"乐天知命之无忧"也！**老庄孙子**：孔子还说"自天子以至于庶民一是以修身为本"。格物致知、正心、诚意、修身。"任穷达"，孟子给解成"达则兼济天下，穷则独善其身"，虽好，但不够究竟，也不是孔子本意！这也是孟子差孔子处！

孔子：过去，我修《诗》《书》、正《礼》《乐》，将以治天下，遗来世；非但修一身，治鲁国而已（是为天下苍生）。而鲁国之君臣，日失其序，仁义益衰，情性（见庄子论情、性）益薄。此道不行于一国与当年，其于天下与来世何？我才知道"诗、书、礼、乐"无救于治乱，又不知道所以革之之方。这就是我乐天知命之所忧者！**老庄孙子**：改革的真正源头！《易经》中也有"革"卦。看破了，悟道了，然后干什么呢？如何普度众生？孔子之所忧也！《诗》《书》《礼》《乐》是孔子前半生至少是55岁前最为重视的。55岁开始孔子流亡14年，到底干了些什么？在磨难中悟道。

孔子：虽然，我还是得道了！夫乐而知者，非古人之谓所乐知也。无乐无知，是真乐真知（庄子至乐）；故无所不乐，无所不忧，无所不为。从这个角度讲，诗书礼乐又何弃之有？革之何为？**老庄孙子**：为何要把老虎关在笼子里呢？释迦牟尼早期教育是"苦、集、灭、道"，而到了晚年，涅槃时却出尔反尔,讲"常、乐、我、净",是证道后的"常乐我净",是庄子的"至乐无乐"。这也是释迦(六祖)所谓悟后读经(悟后修)的道理。善者吾善之,不善者吾亦善之,圣人不仁以百姓为刍狗,又何弃之有?何革而为?

颜回听后也大悟了!北面拜手作揖:先生!我也悟道了!

于是,出来告诉了子贡。子贡茫然自失,回家后沉思(参学《金刚经》第九步"思维"即参禅、冥想)七日(禅七),不寝不食,以至于骨立(枯瘦如柴如释迦之苦修,释迦是七年)。

颜回看不下去,再次去开导、接引他,子贡终未究竟。不得已,颜回返回到孔丘门下,弦歌诵书,终身不辍。**老庄孙子**:"读书早计为官好,毕竟为官逊读书"啊!如释迦所说"若有人能受持读诵,广为人说,如来悉知是人,悉见是人,皆成就不可量、不可称、无有边、不可思议功德!如是人等,即为荷担阿耨多罗三藐三菩提者"!颜回是也!只可惜他英年早逝,每至于此,我只能长吁短叹!何至于此?乐天知命故有忧也!

有报道说在马王堆又发现了孔子遗书,不知真假,权以录下:

《子寿终录》。**老庄孙子**:可参考释迦牟尼涅槃时所讲《涅槃经》。

子寿寝前弥留少时,唤诸弟子近叩于榻侧。子声微而缓,然神烁。瞩曰:无穷数载说列侯,终未见礼归乐清。吾身食素也,衣麻也,车陋也,至尽路洞悉天授之欲(欤)而

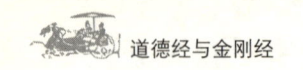

徒弃乃大不智也。**老庄孙子**：自贬诗书礼乐之无用。孔子晚年悟道。

汝之所学（不如说孔子所教），乃固王位，束苍生，或为君王绣袍之言。无奈，王者耳木，赏妙乐如闻杂雀鸣，掷司寇之衔于仲尼，窃以为大辱。其断不可长也。鸿鹄伟志实毁于为奴他人而未知自主（失去自我）。**老庄孙子**：适人而不自适。

无位则无为，徒损智也，吾识之晚矣。呜呼，鲁国者，乃吾仕途之伤心地也。汝勿复师之辙，王不成，侯为次，再次商贾（子贡儒商鼻祖），授业觅食终温饱耳，不及大盗（如盗跖）者爽。吾之所悟，授予尔等，切记：践行者盛，空叙（简）者萎（空谈误国，实干兴邦）。施一法于国，胜百思于竹（简）。吾料后若有成大器之人君（刘邦、汉武帝等等），定遵吾之法以御民，塑吾体于庙堂以为国之灵魂。然非尊吾身、吾言，乃假仲尼名实其位耳。**老庄孙子**：孟子之"尽信书不如无书"！见《庄子》"盗跖"篇。孔子的前识，如释迦！孔子批自己的忠君思想。"仁义"被后世利用，不出老子、庄子、大隐们的预料。

拥兵者人之主也（枪杆子里面出政权），生灵万物足下蛆；献谋者君之奴也（包括张良），锦食玉衣仰人息。锋舌焉与利剑比乎？愚哉！旷古鲜见书生为王者，皆因不识干戈，空耗于文章。寥寥行者，或栖武者帐下，或卧奸雄侧室。如此，焉令天下乎？王座立于枯骨，君觞溢流紫液，新朝旧君异乎？凡王者祈万代永续，枉然矣。物之可掠，强人必效之；位之可夺，豪杰必谋之。遂周而复始，得之，失之，复得之，复失之，如市井奇货易主耳。概言之，行而优则王，神也；学而优则仕，奴耳；算而优则商，豪也；痴书不疑者，愚夫也。智者起事皆言为民，故从者众（乐与饵，过客止）。待业就，诸遁矣（杀忠良，诛异己）。易其巧舌令从者拥主，而民以为然。故定乾坤者必善借民势。民愚（朴鄙）则国稳，民慧（智巧）世则乱。**老庄孙子**：有点庄子"应帝王"的味道！孔子绝对懂军事。老子的所谓"愚民政策"。

武王人皆誉之，纣王人皆谤之。实无异也（与其誉尧而非桀也，不如两忘而化其道）！俱视土、众为私。私者唯惧失也。凡为君者多无度，随心所欲。应其所好，侍君如待孺子。明此理，旋君王于股掌，挟同僚若持羽毛，腾达不日。逆而行之，君，虎也；僚，虎之爪也，汝猝死而不知其由。遇昏聩者，则有隙，断可取而代之。**老庄孙子**：等是非、齐万物！合于道家。明政治，不仅仅是为政以德。政治是不讲良知的！借鉴了盗跖的教训。尘垢粃糠犹能陶铸尧舜，何况昏君？满苟得与子张。孟子继承之：望之不似人君可取而代之。

治天下者知百姓须瘦之。抑民之欲，民谢王。民欲旺，则王施恩不果也。投食恶夫得仁者誉，轻物媚予侯门其奴亦噬之。仁非钓饵乎？塞民之利途而由王予之，民永颂君王仁。**老庄孙子**：深得老子之道，乐与饵，过客止。少私寡欲。权术与权变。仁义，只可一宿，不可久居。

御民者，缚其魂为上，囚其身为不得已，毁其体则下之。

授男子以权羁女子，君劳半也；授父以权辖子，君劳半之半也。吾所言忠者、义者、孝者，实乃不违上之者也。**老庄孙子**：圣人们都是"缚其魂"，尤以释迦为最！承认"忠义孝"不是人的本性，皆手段耳！不战而屈人之兵善之善者也。

礼者，钳民魂、体之枷也。锁之在君，启之亦在君。古来未闻君束于礼，却见制礼者多被枷之，况于布衣乎？礼虽无形，乃锐器也，胜骁勇万千。**老庄孙子**：礼教杀人，果不其然！法律更是。子曰：非天子不议礼，不制度，不考文。

乐者，君之颂章也。乐清则民思君如甘露，乐浊则渔于惑众者。隘民异音，犯上者则无为。不智君王，只知戟可屠众，未识言能溃堤，其国皆亡之。故鼓舌者，必戮之。**老庄孙子**：《诗经》中"颂"占大部分！孔子诛少正茂。一言可以丧邦。

吾即赴冥府，言无诳，汝循此诫，然坦途矣！切切。**老庄孙子**：释迦之"如来无妄语、无诳言"。

言毕，子逝。**老庄孙子**：总而言之，依我所知，不够究竟！太实用了！当然，也非曾子遗言所能比！

《列子》周穆王神游幻化故事。

周穆王是春秋前期的周王，史上称其为神仙皇帝（释迦也说自己500世前曾经是仙人），对后来的秦始皇、汉武帝等想成仙的皇帝影响很大！当然，他再神也神不过黄帝。

话说，周穆王时期，西极之国有化人（古印度文明文化承载者，有神通，但肯定不是释迦牟尼更不是他的弟子！南师有误）来，入水火，贯金石，反山川，移城邑，乘虚不坠，触实不骇，千变万化，不可穷极，既可变物之形，又能易人之虑，穆王敬之若神，事之若君，把自己的宫殿让给他，将三牲进奉给他，挑选美女供其娱乐。

而这位大仙却以为皇宫太鄙陋，不居！御厨腥膻无比，不食！美女骚臭异常，不亲！

这下，可难为了周穆王！只好为他重新建筑宫室，此宫殿奢华到什么程度？动用了全国劳力，里白，外红，中间是大理石。遍用人间能工巧匠，花光了所有钱财，其室始成，高千仞，誓与终南山相比高！名曰中天台。

从郑国、卫国遴选最漂亮、妖艳美女，美到什么程度呢？娥媌靡曼（窈窕的不得了，走路如水上漂），施芳泽，正蛾眉，待笄珥，衣真丝，曳齐纨，粉白黛黑，佩玉环杂，芷若以满之（南子见孔子）。为其演奏黄帝的《承云》、帝喾的《六莹》、舜帝的《九韶》、商汤的《晨露》。日月献玉衣，旦旦荐玉食。

就是这样，这位大仙还不满意，不得已光顾了一下。没几天，实在是不耐烦了，也被周穆王的诚信所感动，说：我带你出去玩玩。

于是乎！周穆王抓住"化人"的衣角，腾空而起，飘飘然，不知几何，来到了化人的住处"中天（色界）"。一看！周穆王瞠目结舌。好家伙！金银的宫殿，镶嵌珍珠翡翠白玉，在云雨之上，空中楼阁（都是善男子、善女人施舍而成，一笑）。耳目所观听，鼻口所纳尝，皆非人间所有；清都紫微，钧天（庄子之天钧）广乐（上天的美乐），真乃上帝所居！

周穆王俯而视之，看到了自己的宫殿，就像泥土、木柴堆积，丑陋不堪。于是，乐不思蜀。

化人又请周穆王到了另一个地方玩。所到之处，仰不见日月，俯不见江海。光影（不是日月）所照，周穆王目眩不能视；音响所来，耳乱不能听。百骸六脏，悸而不凝，意迷精丧，周穆王实在无法忍受，乞求化人把他送回人间。化人稍试移动，穆王就像翻滚的汤圆，一路滚落下来。

周穆王一惊！却原来是一场梦。坐的还是皇帝座，周边侍从依旧，酒还在，菜未凉。忙问侍从：我刚才到哪里去了？

侍从：您哪也没去，就静坐（默存）在那里。

穆王百思不得其解，恍恍惚惚了三个多月，才复如初。更问化人。

化人：我与你是神游，身体怎么会动呢？再者说，你不要以为刚才所居就比你的皇宫好，也不要以为所游玩的地方和你的后花园也差不多。尽管放宽心，不要有什么怀疑，天上人间，只在一念之间，仅此而已！**老庄孙子**：万缘放下，清净佛土自然现前。

周穆王听后大悦！于是乎，不理朝政、不近女色、肆意远游。坐上八骏马（《八骏图》即源于此）车，由造父等人陪同，一路西行，驱车千里，到了巨搜氏之国。巨搜氏奉献白鸽之血以饮王，用牛奶、马奶给他洗脚。稍事休息，继续前行，来到了昆仑山脚下，住了一宿。

第二天，登上昆仑山，参观由黄帝建造用于修行的宫室，进行了封禅，以示纪念。随后来到瑶池王母娘娘宫殿，王母娘娘盛情款待。**老庄孙子**：孙悟空就是在这里偷的蟠桃。一笑。

第十五章 持经功德

歌舞宴罢，王母娘娘陪他看夕阳西下，日行万里。周穆王感慨：呜呼！我何德何能？竟然来此西天，受王母礼遇，又是跳舞，又是唱歌，又是饮宴吃蟠桃，还观日落，后世后人会数我之过也！

列子评论：周穆王可谓是神人了！能穷当身之乐，活了一百多岁，后人以为他是羽化升天了。**老庄孙子**：神游的必要条件，是默存，即观想、存想，久而久之，可阴神神游，佛、道家的最高境界是阳神出窍，可化得百千万亿化身！释迦所谓"一切有为法，如梦幻泡影，如露亦如电，应作如是观"，后人多以为譬喻，事实上，也是修炼的结果！即列子所谓的幻化，也是密宗、普贤菩萨修"大幻网"法门！《列子》为证！在《金刚经》最后一章详述！

劫，本意是很久远的时间，如地球一次物种灭绝到下一次灭绝之间的时间，目前，地球已物种灭绝了五次，现正在加速第六次灭绝！劫难、劫数、灾难，总给人非常消极的感觉。释迦过于偏激，不如《老子》第40章"去用"：贵以贱为本，高以下为基。真理固然永恒，但色身、肉身活在世上也不短。

孔子"形而上者谓之道，形而下者谓之器"，也如马克思之经济基础与上层建筑，唯物与唯心，生产力与生产关系，等等。二者是辩证统一，或一而二，或二而一，是"同出而异名"的，最终是要达到"允执厥中"的究竟！不能厚此薄彼。为了强调悟道、闻经的至关重要而把形下、物质世界、欲界、色界的一切一切贬得一文不值！皆是无常、虚幻！让人难以理解和接受。就像子贡问孔子"博施济众，怎么样？"孔子：

那不是你所能为的（你可知，子贡当时可是富可敌国），博施济众，尧舜犹病诸！岂止是"仁"，简直就是"圣"！孔子之所以那么盛赞管仲，就是因为管仲帮助齐桓公九合诸侯，一匡天下！使天下没有战争数十载！并实现了"仓廪实而知礼节，衣食足而知荣辱"的太平小康盛世！

本章，释迦牟尼告诉我们参学、修持《金刚经》的几个方法、次第。

第一，书写经书。

第二，供养，是众生供养佛法僧而非相反。说白了，众生以物质食粮等等供养佛法特别是众僧，佛法僧给众生提供精神食粮以及开悟、解脱。类似儒家的"学而优则仕""干禄""言寡尤，行寡悔，禄在其中"。确实不如中国禅宗、道家的隐士们"耕读"来得好！更为长久！

第三，施他。抄印经书，广为流传。

第四，谛听。听闻佛祖、僧人讲解经文，弄懂、弄通。

第五，广为宣说。懂得经文义理后，广为他人演说。

第六，受持。闻道后的继续修持，直至彻悟。

第七，开演。把经书义理详细地宣讲，令他人开悟。

第八，诵读。终身诵读经文也是修行。

第九，思维。学而不思则罔，思而不学则殆。虽然悟道的最高境界是"不可思议"，但思议、思维、思想都是悟道必须过程，如六祖的顿悟那是少之又少！绝大多数人还是要走渐悟小乘路线的。

第十，修习。如孔子的"学而时习之""知行合一"，

第十五章 持经功德

最后证入解脱、智慧、涅槃的圣果,即明心见性,得阿耨多罗三藐三菩提心和果。

所谓"不可思议",即大道、智慧、涅槃、如来等等,是不可以用思和议来证得的。

如《**老子**》第二十五章"象无"所说:有物混成,先天地生。寂兮寥兮,独立而不改,周行而不殆,可以为天下母。吾不知其名,强字之曰"道",强谓之名曰"大"。大曰"逝",逝曰"远",远曰"反"。故,道大、天大、地大、人亦大。域中有四大,人居其一焉。人法地、地法天、天法道、道法自然。**老庄孙子**:法尔如是,自然而然。不去、如来。比释迦"地火水风"四大如何?

第十六章"归根":致虚极,守静笃。万物并作,吾以观复。夫物芸芸,各复归其根。归根曰静,静曰复命。复命曰常,知常曰明。不知常,妄作凶。知常容,容乃公,公乃全,全乃天,天乃道,道乃久,没身不殆。

第十五章"显德":古之善为道者,微妙玄通,深不可识。夫唯不可识,故强"为"之容:豫兮若冬涉川,犹兮若畏四邻;俨兮其若客,涣兮其若凌释;敦兮其若朴,旷兮其若谷;混兮其若浊,澹兮其若海,飘兮若无止。孰能浊以静之徐清?孰能安以动之徐生?保此道者不欲盈。夫唯不盈,故蔽不新成。

第十四章"赞玄":视之不见名曰夷,听之不闻名曰希,博之不得名曰微。此三者不可致诘,故混而为一。其上不皦,其下不昧。绳绳不可名,复归于无极。是谓无状之状,无物

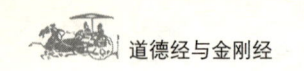

之象，是谓恍惚。迎之不见其首，随之不见其后。执古之道，以御今之有。能知古始，是谓道纪。

亦如《楞严经》所讲：一切凡夫，忆想分别，颠倒取相，是故有缚；动念戏论，是故有缚；见闻觉知，是故有缚；此中，实无缚者、解者。所以者何？诸法无缚，得解脱故；诸法无解，本无得故。常解脱相，无有愚痴。凡夫心不净，忆想分别，颠倒取相，而有种种大小、贵贱、好恶、亲疏等尘埃。

一个公案。

唐朝江州刺史李渤，有一天向智常禅师请教：禅师！佛经上说"须弥纳介子，介子藏须弥"，小小的介子如何纳得了偌大的须弥山呢？如此不合情理，不是在诳骗世人吗？

智常大笑：刺史！有人称誉你"读破万卷书"，果真？

刺史：果真！还不止。

禅师：请问，那万卷书何在？

刺史昂起了头指指脑袋：在这！

禅师：我看你脑袋也就椰子大，如何装得下万卷书？欺世诳人！

庄子论文明、文化的传承。当然也是得道修道的过程。《庄子·大宗师》篇女神告诉南郭子綦：闻诸副墨（文字）之子，副墨之子闻诸洛诵之孙，洛诵之孙闻诸瞻明，瞻明闻诸聂许，聂许闻诸于讴，於讴闻诸玄冥，玄冥闻诸参寥，参寥闻诸疑始。老庄孙子：远高于释迦之"受持读诵"。

关于"小乘"与"大乘"。

星云大师解小乘，吾不同！他说：小法，小乘法。言其志意下劣，不发大乘心者也，是人堕入邪见。因为乐着小法之辈，四相未空，法执未除，深乐小乘、小果，着果骄慢，耽着虚妄，深恋不舍，自是无法听受此离相无住之义，哪里能受持读诵，为人解说？

还拿《宝积经》来说事：菩萨摩诃萨行大悲时，观众生安住不实、虚妄、颠倒梦想，于无常中，妄起常想等等。**老庄孙子**：错把小乘当众生！

不如南师解得好：小乘、小法，就是自了汉，自己玩，自得其乐。**老庄孙子**：就是道家那些"天下与我何为哉"的隐者，什么都明白，就是不跟你玩！

小乘的最高境界就是老子所说：天下有始，以为天下母。既得其母，以知其子；既知其子，复守其母，没身不殆。塞其兑，闭其门，终身不勤；开其兑，济其事，终身不救。见小曰明，守柔曰强。用其光，复归其明。无遗身殃，是谓袭常。**老庄孙子**：袭常者，明心见性也。已有济世之意，再好的利剑也应吹毛断了急需磨；庖丁用了 19 年的刀如新发于硎。

大乘则不同，是已度度人；孔子之"己所不欲，勿施于人""己欲立而立人，己欲达而达人""老吾老以及人之老，幼吾幼以及人之幼"；孟子"达则兼济天下，穷则独善其身"；老子之"圣人无常心，以百姓心为心。善者吾善之，不善者吾亦善之"。"圣人常善救人，故无弃人；长善救物，故无弃物。"具体案例，前面已阐释不少。

说一下六祖悟后担当和境界。

第一，侮辱不以为耻。五祖骂他"獦獠怎可成佛？"他

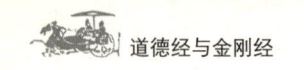

不以为意。

第二，卑屈不以为贱。到黄梅求道时，推磨碾米8个月，任劳任怨。

第三，艰难不以为苦。六祖一生艰难困苦，被人追杀、砍头，隐忍15年，随缘与猎人说法，一心为了传道。

第四，恩宠不以为荣。武则天登基后，三番五次诚挚邀请六祖到皇宫供养，赐最好的金丝袈裟、锡杖、琉璃钵、珠宝、真丝，以及封其故居为国恩寺等等，六祖不为所动。

第五，迫害不以为意。六祖一生所受迫害无数，仅刺杀就有三次！依然为法忘躯。就是在圆寂后，他的肉身也多次受到破坏。

第六，普度众生，不以为烦。六祖一生度众无数，因为他，也是从他开始，禅宗才在中华大地上真正普及并发扬光大，这是他最大的担当和对人类最伟大的贡献！

第十六章　能净业障

复次，须菩提！若善男子、善女人受持诵读此经，若为人轻贱，是人先世罪业，应隋恶道。恶道，以今世人轻贱故，先世罪业，则为消灭，当得阿耨多罗三藐三菩提。

须菩提！我念过去无量阿僧祇劫于燃灯佛前，得值八百四十亿那由他（无数）诸佛，悉皆供养承事，无空过者；若复有人于后末世能受持诵读此经，所得功德，于我所供养诸佛功德，百分不及一，千万亿分，乃至算数譬喻所不能及。

须菩提！若善男子、善女人，于后末世有受持诵读此经，所得功德，我若具说者，或有人间，心即狂乱，狐疑不信。

须菩提！当知是经不可思议，果报亦不可思议。

这回释迦给自己挖了个天大的坑！他仅仅供佛就多达八百四十亿！而我们人类至今才60亿！他那个时代地球上有10亿人？遍地是佛也不止！那众生又何须度啊？**老庄孙子**：佛，都在色界天以上！一笑。

还说，若有人于末世（即现在）受持诵读此经，其所得

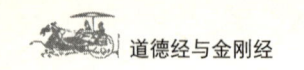

功德之大，就是他自己那么大，那么多功德都不及这个人功德1%甚至千百亿分之一以至于不可以数计。**老庄孙子**：印度人时空、数字概念淡薄，释迦"功不可没"。

释迦牟尼在此章给"好人不得好报"找了个神秘莫测的理由"上辈子孽债这辈子还"！"轮回""转世"即从此出。也是其成为宗教的重要原因。

所谓"轮回""转世"，最近报道非常多！

一美国两岁男童能清晰记起前世1945年第二次世界大战"硫磺岛之空战"的详细经过，他的前世是飞行员詹姆斯·休斯敦二世，他的战友是杰克拉森。能详述战斗经过，飞机从纳括马王号航母起飞，激战后被日本战机击中坠毁。父母按图索骥，竟然找到了杰克拉森，一见面，便问"你怎么这么老？"找到詹姆斯姐姐并能说出她的乳名！

前不久，网上报道发现了一个转世村，有一百多人有转世记忆。

我老婆第一次到峨眉山，刚上山，她就对她妹妹说"前面有什么什么殿、拐弯"等等。她妹妹嗤之以鼻。结果不出所料。

我小时候，在农村，特别是阴雨天，村里体弱的尤其是妇女，各种动物灵魂附体，俗话说中邪现象很普遍！我大嫂曾经有五种动物灵魂附体。一犯病，就往死里掐孩子，要不就疯狂地往大山里跑，根本不知疲倦。平时她身体很弱。

还有神奇的梦！我在6岁左右，正是文化大革命高峰期，我爷爷、父亲因为出身和右派，都被专（无产阶级专政，蹲牛棚)。那是一个极为寒冷的冬天。我母亲怀有九个月的身孕，又罹患了重病。我父亲百般祈求请假为母亲看病，所谓的工作队看我母亲确是病入膏肓，勉强同意，但派人严防死守！

我爹带我母亲到了县城一个军队医院，好像叫103医院，手术后，我母亲七天七夜不省人事，父亲一看，确实没救了（父亲是位著名中医，我家是中医世家），就买了棺材，准备入殓。

我在遥远的山村，我家穷的连窗户纸都没有，炉子更谈不上！只靠做饭那一点温度取暖（炕）。我也病了，高烧不退。那时我家点的是煤油灯，在墙上挖个洞，油灯放里面，熏的墙黑黑的。严寒的夜里，我大姐搂着我和4岁的妹妹。我烧的胡念八说，只要姐姐吹灯（把灯用嘴吹灭），我就声嘶力竭地喊"来了！又来了！"姐姐吓得赶紧把灯点着，就这样，吹了喊，喊了点。

至今我还清晰记得，一只小白兔拼命往炕上蹦，外间屋有一大白马拼命往屋里挤。后来才知母亲属兔、父亲属马、我也属兔。那时，正是母亲弥留之际！也许是我把她唤了回来……

我和母亲感情是极深的，又极有感应。如今，母亲已去世八年了，还是不敢听有关母亲的歌曲，实在受不了。

我和我女儿也很有感应。她刚刚会说话时，只要一喊爸爸，我不是到家就是有电话给她，奇准！

佛教的一个主要思想就是"因果、轮回、报应"说，注重生前死后，这也是与儒、道重大区别处！儒、道重视生后死前！形象地说，儒、道是看日出到日落这段光明的世界，而佛教是看日落以后那段幽冥不可知的世界；儒、道是站在妇产科门口看人生，佛教则是站在火葬场看人生。儒、道特别是道家讲究修炼追求长生不死，佛教则是求解脱到极乐世界，儒家则是主张活好当世。儒家的祭祀观是给活人看的。

好人不得好报，孔子也无奈！他的最优秀的弟子颜回死了，他不仅是孔子德行的代表人物，更是孔子衣钵传承的唯一！

《论语》"先进"篇：颜回死，子哭之恸（比痛哭还痛）"噫！天丧予！天丧予！"

弟子劝：您哭得太过伤心了。

孔子：我过了吗？我过了吗？除了他以外，谁还值得我这样恸哭？有恸吗？非夫人之为恸而谁为？**老庄孙子**：你可知，颜回死时仅仅41岁！

孔子哭冉伯牛。冉伯牛也是德行的代表。

《论语》"雍也"篇：伯牛有疾，子问之，自牖执其手，曰："亡之，命矣夫！斯人也而有斯疾也！斯人也而有斯疾也！"**老庄孙子**：孔子对好人及命运的无奈！更实际。

老子、庄子对命运、生死看得极洒脱！是真境界。

庄妻之死。

《庄子》"至乐"篇：庄子妻死，惠施前来吊唁，看到庄子盘腿坐在地上，敲着破瓦盆在吟唱。

惠施愤怒，指责：你老婆跟了你一辈子，为你生儿育女、

第十六章 能净业障

侍奉你,没有功劳也有苦劳吧?没有苦劳还有疲劳吧?你不哭就已经很不像话了!竟然敲着破瓦盆唱歌?你也太过分了!

庄子:不然。她刚死的时候,我也非常感慨、伤心。可是,我思量人本就无生;非但无生,根本就无形;非但无形,根本就无气。**老庄孙子**:气,是道家极为重要的概念。孔子也认为天地万物众生是"一气流行"。

大道在恍惚之间,变而有气,气变而有形;形变而有生;今一变而又死,就像春秋四时一样再正常不过了。我老婆悠然安息于天地之间,而我还在这狼嚎鬼叫。仔细一想,我是一个不通于命的人,所以,我一改悲痛以欢乐歌唱为她送行。**老庄孙子**:老子曰:"孔德之容,惟道是从。道之为物,惟恍惟惚。忽兮恍兮,其中有象;恍兮忽兮,其中有物;窈兮冥兮,其中有精。其精甚真,其中有信。自古及今,其名不去(如来),以阅众生。我何以知其然哉?以此。"上帝粒子的出现证实了老子之有无相生的理论!霍金还预言:"因为上帝粒子,宇宙会灭亡。"老子之"大、远、逝、反",宇宙一定是要灭亡的!当然还会再生,因为无中生有吗!上帝粒子是无中生有有还无的中介!

紧接着,庄子讲了一大堆有关生死的故事。

说,支离叔(忘形人)和滑介叔(忘智者)一同到杳冥山、昆仑山游玩,参观了黄帝曾经休息过的地方。突然,滑介叔左肘生一柳枝(大瘤子),表情惊讶、复杂。

支离叔:你讨厌它吗?

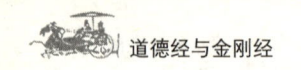

滑介叔：不！我为什么讨厌它？生，假借而已！在假借的地方再生，尘垢而已。生死就像昼夜。何况，我们两个本就是来观幻化的，说话之间，幻化到我头上，何恶之有？**老庄孙子**：此幻化非后人解释迦梦幻露电。

随后，庄子做了一个梦，梦见一骷髅尸骨。于是，庄子用马鞭敲打它，问："你是贪生（生生之厚）死的吗？还是遇亡国灾难，遭斧钺之诛？抑或是你作恶多端以至于此？还是干了什么见不得人之事愧对父母而自杀？或许是冻饿而死？还是寿终正寝的结果？"说完，拿起骷髅回到驻地枕而睡之。夜半，骷髅跑到庄子梦里，曰："看起来，你好像是个辩士？而你所说的大都是人生的烦累，死后则无此累！你想听听死后的情形吗？"

庄子：想。

骷髅：死，无君于上，无臣于下，亦无四时之事，从容悠然以天地为春秋，虽南面为王，其乐过之！

庄子不信：我让阎王爷使你重生，重新拥有父母、妻子、朋友、知识，你想吗？

骷髅深深皱起眉头痛苦不堪状：我怎么会放弃超过帝王之乐而复为人间之劳苦呢？**老庄孙子**：大禹说"生，寄也；死，归也"。视死如归，死亡就是回家，何惧之有？人生就像一次逆向旅行，活得越长，离死亡越近！一如庄子说"一受其成形，不亡以待尽"，活着就是等死。

庄子之死。

庄子将死，弟子欲厚葬之。

第十六章 能净业障

庄子：我以天地为棺椁，以日月为连璧，以星辰为珠玑，万物为赍送。吾葬具岂不备邪？还有超过此的吗？

弟子：我们怕秃鹫吃你。

庄子：在上为秃鹫食，在下为蝼蚁食，夺彼与此，何其偏也！

老子之死（《庄子》"养生主"篇）。

老子死，秦失前去吊唁，三号而出。弟子们不解，拦住他：你还是老师的好朋友吗？

秦失：是啊！怎么了？

弟子：那你为何如此？说得过去吗？

秦失：说得过去。

弟子们仍大惑不解。

秦失：唉！过去我以为你们跟着老子都已得道了，现在看来，并非如此。我刚才来吊唁，有老者哭，如哭其子；有少者哭，如哭其母。他们聚集于此，必定有不想说地说了，不想哭地哭了。这，既违反天道，又违背人情，忘记了上苍的造化，是要遭天谴的！**老庄孙子**：孔子说自己就是遭天谴之人。因为他刻意人为且明知不可而为之。

秦失：该来时，老子应时而来；该走时，他顺其自然走了。安时而处顺，喜怒哀乐不能入于怀，古人谓之"自然解脱"，即所谓，脂穷于薪而火传也，不知其尽也。**老庄孙子**：薪火相传。释迦也说自己在燃灯佛处得此薪火。还不如说直接得于老子。一笑。

前生、来世，到底有无？莫衷一是。就是所谓现代科

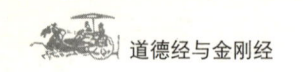

学也是无可奈何。科学解释不了的不一定不科学；科学解释得了的也不一定是真科学！有些思想、理论是无法用实践证明的。

灵魂论，在南北朝时讨论得最甚！见《牟子理惑论》。

事实上，释迦牟尼在此已经预言后人对佛法的不信，确实历史上有过多次灭佛运动，致使人们的思想极为空虚、浮躁，加之一切向钱看（物质第一）思潮迷惑，于今更烈！

如老子之感慨：吾道甚易知，甚易行。天下莫能知，莫能行啊！下士闻道，大笑之，不大笑不足以为道。

说到这，讲一个我老婆和我小姨子不大笑不足以为道的故事。

那是，2012年的一天，我们三人同乘一辆车，汽车前挡风玻璃上有一个小洞。我说那是人工钻的，为了释放内应力而防止玻璃继续破裂。话音未落，她俩已笑得前仰后合，老半天才说"你真逗，那是石子蹦的"。说完，依然大笑不止。特别是我小姨子还用两食指紧紧摁住两眼角，唯恐怕笑出眼角纹。我无语……

老子接着说：太上，不知有之；其次，亲之；其次，誉之；其次，畏之；其次，侮之。信不足焉，有不信焉。所以，要犹兮其贵言啊！

特别是，在这物欲横流、道德沦丧，即释迦牟尼所谓的末法时代，"传经布道"之难！尤其是得、传真经之难更是难于上青天！最难者是真经难得！包括道家、儒家特别是孔子及儒学！难就难在"不可思议"！孔子、孔学到底是什么样子？孰能说清楚？

释迦悟道后九灾：遭人嗔骂；讥讽他所谓的清净；被人推石险些砸死；木桩伤足；家族被灭；食用马料；背脊疼痛难忍；苦行七年；化缘未果，空钵而反饿肚子。

在本章，释迦牟尼佛也为后世特别是当今所谓佛教徒们敲响了警钟！虔诚如释迦者所供养八百四千亿那么多佛，其功德不如"受持诵读此经乃至四句偈"功德之千万亿分之一，甚至难以用数字表达！更何况当今那些"磕一个头放仨屁，行好没有作恶的多"的主？三根香蕉两炷香就想得到无穷福报？更有甚者，还祈求佛祖报复他（她）所谓的仇敌，动机之不纯，恶心之极，真是"如梦幻泡影，如露亦如电"。**老庄孙子**：五祖说"终日供养，只求福田，不求出离，生死苦海，福何可救？"

何为"究竟供养"？《海龙王经》"法供养章"：海龙王问释迦牟尼：有一个人，以华香、杂香、捣香，缯盖幢幡，伎乐衣被，饮食床卧，病瘦医药，供养如来，算最好的供养吗？**老庄孙子**：有《香乘》一书。

释迦：龙王！随其所种，各得其类，此之供养，不为究竟。离于尘垢，植于德本，直至圣贤心之解脱。不为无德，不至无上。菩萨以下面四种供养如来：其一，不舍道心，植诸德本；其二，心立大哀，合集会品；其三，建大精进，严净佛土；其四，入深妙法，心得法忍。这就是究竟供养。**老庄孙子**：说白了就是形上的修养、悟道，智慧、慈悲、普度，而非仅仅磕头跪炉子！

关于"不可思议"。其实《维摩诘经》讲不可思议，有二解，一是刚才说的法供养，受持般若，功属无为，其福德不可思议，是第一稀有功德；二是指学道、参道、悟道、修道的究竟法门是不可思议、心心相印、拈花微笑、莫逆于心。

老庄孙子：如果人人都得觉悟，确实是无量、第一、不可思议功德！只可惜……

"莫逆"的出处。《庄子·大宗师》篇：子祀、子舆、子犁、子来四人相与语，曰：孰能以无为为首，以生为脊、以死为尻；孰知死生存亡之一体者，吾与之友矣！四人相视而笑，莫逆于心，遂相与为友。**老庄孙子**：叙莫逆于虚玄，述忘言于至理。目击道存，故相视而笑；同顺玄理，故莫逆于心。

关于"狐疑"，有一公案。

有一天，百丈禅师讲经毕，众生散去，唯有一长者逗留下来。

百丈禅师：此处站者何人？

老者：我不是人。

百丈禅师：那是什么东西？

老者认真：我是一只野狐。

百丈禅师：有意思！说说。

老者：很早以前，我曾在此百丈山修行，有一位僧人问我："大修行人还落因果也不？"我回答："不落因果。"因此，我五百世堕入狐身，至今不得解脱。烦请禅师代转一语，以脱去这野狐之身。

于是，老者合掌问道：大修行人还落因果也不？

第十六章 能净业障

百丈禅师：不昧因果！

老者言下大悟，作揖离去。

第二天，百丈禅师率众弟子到后山石岩下洞内，以杖挑出一野狐死尸，命弟子以亡僧之礼火葬之。**老庄孙子**：一字之差，堕入野狐五百世，我们作恶这么多又该堕入何道？例如《大学》中曾子、朱熹一"虑"字。

真正的"果报"。《六祖坛经》记载，六祖慧能初见五祖弘忍，弘忍问：你来求什么？

慧能：唯求作佛，不求余物。**老庄孙子**：与释迦顶天立地唯我独尊异曲同工！佛是要有大担当的！元音老人之：祈求慈力加被，消我业障，智慧成伟，普度众生，不求余果。

《庄子》中得道者数不胜数，"尘垢秕糠犹能陶铸尧舜者也"！

要想有大担当，就必须先成魔，再成佛，最后连魔与佛全部放却！无执、无我、无待。就如列子得道后"于事无与亲"；庄子"等是非，齐万物"；孔子之"毋必、毋意、毋固、毋我"四大法门，与释迦牟尼"无人相、无我相、无众生相、无寿者相"如出一辙；还有老子"天地不仁，圣人不仁""善者吾善之，不善者吾亦善之"。**老庄孙子**：那才是真正的大德、大善、大智慧、大慈悲！真究竟！最上乘者。

第十七章　究竟无我

尔时，须菩提白佛言：世尊！善男子、善女人发阿耨多罗三藐三菩提心，云何应住？云何降伏其心？老庄孙子：关键点又来了！

佛告须菩提：善男子、善女人发阿耨多罗三藐三菩提心者，当生如是心：我应灭度一切众生，灭度一切众生已，而无有一众生实灭度者。老庄孙子：灭人欲。为道日损。

何以故？须菩提！若菩萨有我相、人相、众生相、寿者相，即非菩萨。

所以者何？须菩提！实无有法发阿耨多罗三藐三菩提心者。

须菩提！于意云何？如来于燃灯佛所有法得阿耨多罗三藐三菩提不？

须菩提：不也，世尊！如我所解佛所说义，佛于燃灯佛所无有法得阿耨多罗三藐三菩提。老庄孙子：可传而不可受，可得而不可见。

第十七章 究竟无我

佛言：如是！如是！须菩提！实无有法如来得阿耨多罗三藐三菩提。

须菩提！若有法得阿耨多罗三藐三菩提者，即不于我授记：汝于来世当得作佛，号释迦牟尼佛。以实无有法得阿耨多罗三藐三菩提，是故，燃灯佛于我授记，作是言："汝于世当得作佛，号释迦牟尼"。

何以故？如来者，即诸法如义。

若有人言：如来得阿耨多罗三藐三菩提。须菩提！实无有法，佛得阿耨多罗三藐三菩提，于是中无实无虚。老庄孙子：即实即虚。

是故，如来说，一切法皆是佛法。须菩提！所言一切法者，即非一切法，是故名一切法。

须菩提！譬如人身长大。

须菩提：世尊！如来说人身长大，即非大身大，是名大身。

须菩提！菩萨亦如是，若作是言"我当灭度无量众生"。即不名菩萨。

何以故？须菩提！实无有法名菩萨。是故，佛说一切法无我、人、众生、寿者（相）。

须菩提！若菩萨作是言"我当庄严佛土"是不名菩萨。

何以故？如来说庄严佛土者，即非庄严，是名庄严。

须菩提！若菩萨通达无我法者，如来说名真是菩萨。

此章的中心思想是，释迦牟尼佛从燃灯佛以及八百四千万亿众佛、善知识们处所得的都是启发、方便之法，真正"明心见性"的是他自己。同理，所有众生从释迦牟尼佛处所得的也只是八万四千法门，因人而异，各自方便，最终解脱、涅槃、到达智慧彼岸、明心见性的还是众生自己，如老子言：太上不知有之，百姓皆为我自然；庄子之自本自根；亦如六祖所说个个本自具足。说得直白一点就是，内因是变化的根据，外因是变化的条件，外因通过内因而起作用。即所谓，迷了的是众生，悟了就是佛。人人皆可成佛，关键是迷还是悟。佛、如来、世尊等等只是一个佛号或名而已，即老子所说"名可名，非常名"也。

关于名，中国古代特别是春秋战国时期诸子百家中有一家叫"名家"，其代表人物是公孙龙、惠施等人。庄子在"天下"篇中是这样评价他们的：惠施多术，其书五车，其道杂驳，其言也不中（不能中的），历览万物，说："至大无外，谓之大一；至小无内，谓之小一。无厚不可积也，其大千里；天与地卑，山与泽平，日方中方睨，物方生方死；大同与小同异，此之谓'小同异'，万物毕同毕异，此之谓'大同异'。南方无穷而有穷；今日适越而昔至；连环可解也；我知天下之中央，燕之北，越之南是也；泛爱万物，天地一体也。"

惠施以此为大观于天下，而知晓辩者。于是乎，天下之辩者，相与乐之。所谓，卵有毛，鸡三足，郢有天下，犬可以为羊，马有卵，蛤蟆有尾。火不热，山出口，轮不碾地，目不见，指不指（指月录），至不绝，龟长于蛇，矩不方，规不圆，飞鸟之影未尝动也。一尺之棰，日取其半，万世不竭。
老庄孙子：微分鼻祖。

公孙龙之流亦是！辩者之徒，饰人之心，易人之意，能胜人之口，不能服人之心。这都是辩者的局限。

又说惠施，弱于德，强于物，所行幽曲。惠施不能一次自宁，坐驰于万物而不厌，卒以善辩为名。惜乎惠施之才，放荡言辞而不得其道，追逐万物而不反，是以声穷响，形与影竞走也。悲夫！**老庄孙子**：老子说孔子汲汲于仁义，就像击鼓追逃。影子与足迹。

当然，最为著名的还是老子的"道可道，非常道；名可名，非常名"，还有释迦的"所谓……即非……是名……"。例如：所谓佛法者，即非佛法，是名佛法；所谓第一波罗蜜，即非第一波罗蜜，是名第一波罗蜜；是不得已，为了解说方便，如老子之"强字之曰道"，"强谓之容（形容）"，"强为之名曰"以及此章"譬如"等等而已。

关键是怎样"明心见性"，即须菩提所问：云应何住？云何降伏其心？

老子是怎么讲的？

第一章"体道"：无，名天地之始；有，名万物之母。故常无，欲以观其妙；常有，欲以观其徼。此两者，同出而异名，同谓之玄，玄之又玄，众妙之门。**老庄孙子**：无，就是无住。

那怎样做到无呢？

第三章"安民"：虚其心，实其腹，弱其志，强其骨，为无为。

第五章"虚用"：天地之间（何况人乎）其犹橐钥乎？

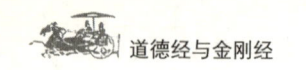

虚而不屈，动而愈出。

第十章"能为"：载营魄抱一，能无离乎？抟气致柔，能婴儿乎？涤除玄鉴，能无疵乎？爱民治国，能无为乎？天门开阖，能无雌乎？明白四达，能无智乎？**老庄孙子**：老子还说"玄牝之门，是谓天地根"。

第十六章"归根"：致虚极，守静笃。万物并作，吾以观复。夫物芸芸，各复归其根。归根曰静，静曰复命，复命曰常，知常曰明。不知常，妄作凶。知常容，容乃公，公乃全，全乃天，天乃道，道乃久，没身不殆。**老庄孙子**：老子爱说常，不喜欢无常。释迦直到死时才说常，而恰恰他的死又是无常。

第十九章"还淳"：绝圣弃智，绝仁弃义，绝巧弃利。不得已，才见素抱朴，少私寡欲。

第二十五章"象无"：有物混成，先天地生。寂兮寥兮，独立而不改，周行而不殆，可以为天下母。吾不知其名，强字之曰道，强谓之名曰大。大曰逝，逝曰远，远曰反。故，道大、天大、地大、人亦大。域中有四大，人居其一焉。人法地、地法天、天法道、道法自然。**老庄孙子**：自然而然，法尔如是。

第四十八章"忘智"：为学日益，为道日损，损之又损以至于无为，无为无不为。

第五十二章"归元"：天下有始，以为天下母。既得其母，以知其子；既知其子，复守其母，没身不殆。塞其兑，闭其门，终身不勤。开其兑，济其事，终身不救。见小曰明，守柔曰强。用其光，复归其明，无遗身殃，是谓袭常。**老庄**

孙子：不但教你如何"明心见性"，还告诉你"明心见性"之后必须勤加修习！

具体案例。

杨朱的历史哲学及养生、悟道、化育。杨朱，那位"拔一毛利天下而不为"者！

《列子》"杨朱"篇：杨朱到鲁国游学，住宿于孟氏招待所。**老庄孙子**：孟子极反对杨朱。

孟氏：人就是人，干吗非要求名？

杨朱：人们求名是为了发财。**老庄孙子**：孔子之干禄。

孟氏：既然如此，那有了名也有了利，还求什么？

杨朱：由富而贵。**老庄孙子**：孟子之富贵不能淫。

孟氏：那富、贵都有了，干吗还汲汲于世？

杨朱：为了死得其所。

孟氏：人都死了，还求什么？

杨朱：为子孙。

孟氏：这个名，何益于子孙？

杨朱：是啊！名声是个让人身心疲惫而又欲罢不能的东西。后人乘其名者则是泽及宗族，利兼乡党，更何况子孙乎？**老庄孙子**：天下熙熙皆为利来，天下攘攘皆为利往。人类历史的写真。

孟氏：一个真正想名垂千古之人，必定是极廉洁的，廉洁必然穷困；也必然是个谦谦君子，礼让三先，最后让到让无所让，只能居于最卑贱的位置。**老庄孙子**：老子说，大国者下流；上善若水，处众人之所恶，故几于道。受国之垢，

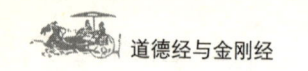

是为天下主。受国之不祥，是为天下王。

杨朱：管仲之相齐也，君淫亦淫，君奢亦奢。因此，志合言从，道行国霸。死之后，管氏而已。

而田氏之相齐，君盈则己降，君敛则己施，民皆归之，因有齐国，子孙享之，至今不绝。**老庄孙子**：窃珠者诛，窃国者为诸侯，诸侯之门仁义存焉，说的就是这个田氏，拥有齐国12世。

孟氏：那就是说，真名者穷，伪名者富喽！

杨朱：实无名，名无实，名者，伪而已矣！昔者，尧舜伪以天下让许由、善卷，而不失天下，享祚百年。伯夷、叔齐实以孤竹君让，而终亡其国，饿死于首阳之山。实伪之辩，如此而已。**老庄孙子**：道可道，非常道；名可名，非常名！

杨朱接着说：百岁，人寿之大限，能活百岁者，千无一焉。就算是你活了百岁，我给你算算，从下生到成年，二十多年没了，从六十岁始，老眼昏花至死，又四十年没了，合计，人生一多半没了！再加上，睡觉睡掉的，白天一日三餐，还要睡个午觉等等，一半光阴又没了！还有，痛疾哀苦，亡失忧惧，又几居其半矣！充其量，还剩十数载，想一想，自得其乐，无忧无虑，没病没灾，又有几时？所以，人生到底是为了什么？又乐在何处？

杨朱接着自问自答：为美厚（生生之厚）尔？为声色尔？而美厚是不能经常得到满足的！声色也是不可能经常玩味的！且经常被刑赏之所禁劝，还要顾及社会的舆论。所谓名声、道德观念，以及我们汲汲追求的文化思想等等的约束。

第十七章 究竟无我

人的一生真是,遑遑尔,竟一时之虚誉,归死后之余荣;偶偶尔,慎耳目之视听,惜身意之是非;结果,徒失当年之至乐,不能自律于一时。重囚累梏,何以异哉?**老庄孙子**:杨朱和释迦有一拼。人活着就是受罪、无常、苦集灭道。

杨朱所考证的历史观:太古之人,知生之暂来,知死之暂往;故,从心而动,不违自然之所好,当身之娱非所去也,故不为名所劝;从性而游,不逆万物之所好;死后之名非所取,故不为刑所及。名誉先后,年命多少,非所量也。**老庄孙子**:庄子说"为善无近名,为恶无近刑。缘督以为经""因任自然";老子"安时而处顺,道法自然,无为无不为"。什么解脱、涅槃、了生死,只要看开了就好。孔子曰"人生有命富贵在天","从心所欲不逾矩"。杨朱、孔子一脉!都是老子的学生。因缘聚会,缘起性空,性空缘起。即生即死,即死即生。无中生有有还无啊!杨朱,真"明心见性"者!

杨朱继续:万物所异者,生也;所同者,死也。生则有贤愚贵贱,是所异也;死则有臭腐消灭,是所同也。虽然,贤愚贵贱非所能也,臭腐消灭亦非所能也。故,生非所生,死非所死;贤非所贤,愚非所愚;贵非所贵,贱非所贱。然而,万物齐生齐死,齐贤齐愚,齐贵齐贱。十年亦死,百年亦死;仁圣亦死,凶愚亦死。生则尧舜,死则腐骨;生则桀纣,死则腐骨。腐骨一矣,孰知其异?且趣当生,奚遑死后?**老庄孙子**:庄子之齐物论、等是非、吹万不同。切记!"所"与"能"绝非释迦,更不是所谓西方哲学的专利!性、命,性决定命,即孔子所谓的"天"。孔子"不知生,焉知死",

167

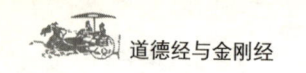

要活在当下！"神奇化腐朽，腐朽化神奇"，再参赞天地之化育。

杨朱话锋一转：伯夷、叔齐真的没有欲望吗？却走向极为清高之路，直至饿死。柳下惠真的无情吗？走上了过于忠贞之路，以放寡宗，所谓坐怀不乱。如此地衿清，如此地衿贞。**老庄孙子**：伯夷、叔齐、柳下惠是孔子及儒家极为推崇的忠贞、清廉之贤人。

杨朱论乐生、逸身：原宪穷困于鲁国，子贡生意于卫国。原宪之穷困损生，子贡之生意累身。然则，穷亦不可，富亦不可，那何可？

杨朱自答：可在乐生，可在逸身。所以，善乐生者不为穷所困，善逸身者不以富累身。**老庄孙子**：很合庄子"至乐之道！"原宪是孔子大管家，弟子们总管；子贡是孔子一生主要经济来源，儒商鼻祖，其富可敌国，即所谓"博施济众"者。在《庄子》里原宪把子贡收拾得无地自容；在这里，杨朱连他俩一起收拾。有点维摩诘收拾释迦弟子味道。可者，适当也，适可而止也。

杨朱论生死：古语有言："生相怜，死相捐。"此语至矣！相怜之道，非唯情也。勤能使逸，饥能使饱，寒能使温，穷能使达也。而相捐之道，非不相哀也。不含珠玉，不服文饰，不陈牺牲，不设名器也。

化育：生前相濡以沫，死后相忘于江湖。孔子论孝，光有爱也是远远不够的！老子"民不畏死奈何以死惧之"，樊哙在"鸿门宴"上接受项羽赐酒"臣死且不避，置酒焉足辞"。

死了死了，要向庄子学习！不然会遇到儒者盗墓。一笑。杨朱又符合墨子之道"薄葬"。杨朱就是杨朱，非儒、非道、非墨！杨朱是绝对的自由主义者、个人主义者，也是一个爱己、贵己者，是天下至私而结果至公者！而儒家恰恰介于杨墨之间，中庸也。知杨朱者《列子》也！

杨朱说管仲、晏子：晏平仲问养生于管仲。**老庄孙子**：杨朱这也学庄子，不对！是庄子学杨朱。时间有误。

管仲：肆之而已，勿壅勿淤。**老庄孙子**：率性。

晏子：敢问次第？

管仲：恣耳之所欲听，恣目之所欲视，恣鼻之所欲向，恣口之所欲言，恣体之所欲安，恣意之所欲行。

夫耳之所欲闻者声音，而不得听，谓之圊聪。

目之所欲见者美色，而不得视，谓之圊明。

鼻之所欲向者椒兰，而不得嗅，谓之圊颤。

口之所欲道者是非，而不得言，谓之圊智。

体之所欲安者美厚，而不得从，谓之圊适。

意之所欲为者放逸，而不得行，谓之圊性。**老庄孙子**：中国几千年前就既注重养生、摄生、不治已病治未病，而后来的西方人所谓西医是卫生。可惜，现如今，西方的保健品和保健意识却是甚嚣尘上，真是国人的悲哀啊！管仲本意是"因任自然"，当然也有先成魔后成佛的意思。

管仲接着：凡此诸圊，废虐之主。去掉这些废虐之主，然后就熙熙然等死就可以了，管他一日、一月、一年、十年，这就是我所谓的养生。反之，拘此废虐之主，依依不舍，戚戚然以至久生，虽百年、千年、万年，非吾所谓养也。**老庄孙子**：这是所谓理学如朱熹、陆象山之流所鄙夷的，也是他们学不来的！拘泥于种种礼教"饿死事小，失节事大"，清规戒律一大堆。杨朱合于孔子"朝闻道，夕死可也"之道。一日"常乐我净"则死而无憾！不然，就是千年、万年，也只是混吃等死。所谓"废虐之主"，即废掉自己的自由意志，虐待自己，如笼中鸟，圈中猪。

管仲：我即告诉你养生之道，那你说说送死？**老庄孙子**：养生送死。

晏子：死，太简单了！有何可说？

管仲：我就想听！

晏子：死，不取决于我。焚之亦可，沉之亦可，埋了亦可，露之亦可，衣薪而弃诸沟壑亦可，衮衣绣裳而纳诸石椁亦可，随便。

管仲回去对鲍叔牙、黄子说：生死之道我二人得之矣！**老庄孙子**：了却了生死。管仲、晏子不是同时代的！庄子，真有你的。

杨朱说子产：子产相郑，专权三年，善者服其化，恶者畏其禁，郑国以治，诸侯惮之。他哥叫公孙朝，他弟曰公孙穆，一个是酒囊，一个是色鬼。

公孙朝之酒库聚酒千钟，酒糟成山，百步之外，逆风呛的受不了。他沉溺于美酒时，不知世道之危安，人理之悔吝，室内之有无，九族之亲疏，存亡之哀乐也。虽水火兵刃交于前，不知也。

第十七章 究竟无我

公孙穆，后庭有房数十间，皆择稚齿美人以居之。他在纵欲之时，摈弃亲人，拒绝郊游，沉溺于后庭，夜以继日。三个月才一出屋，还意犹未尽。只要有处女姣好者，必重金迎娶之，多多益善。**老庄孙子**：酒色财气。孔子曰："已矣夫！未见好德如好色者也！"大禹说"酒，一定是让人类灭亡者"。所以，俄罗斯的男女生育能力极差。

子产的教化：子产因此日忧夜虑，偷偷地约邓析谋之曰："我听说'治身以及家，治家以及国'，此言是说，凡事由近及远。而我，为国，则治矣，而家太乱了。难道我错了吗？请您救救我的兄弟，我让他两个拜您为师。"

邓析：我暗自怪你已经很久了！只是没敢说。你太娇惯他们了，已经来不及了。如果你早早"喻以性命之重，诱以礼义之尊"，何必现在。

于是，子产听从邓析的忠告，闲暇时，把兄弟叫到一起告诫：人啊，和禽兽不同的是思想、智慧，智慧所在是礼义，礼义成则名位至矣。若纵情嗜欲，则性命危矣。你们若听我的，则会朝自悔而夕食禄矣！

你猜？那哥俩怎么说：我们早就知道了！选择也很久了，岂等你说？生是难的，死则容易，以难遇之生等易极之死，你更留恋哪个？你却"欲尊礼义以夸耀于人，矫伪情性以博得所谓美名"，我们以为那还不如死哪！为了尽一生之欢，穷当年之乐，我们是唯恐"腹溢而不得恣口之饮，力惫而不得肆情于色；根本不考虑名声之丑恶，性命之危殆。况且你以治国之能妄说无常，以说辞乱我身心，以高官厚禄勾引我意，不亦鄙而可怜哉？"**老庄孙子**：见《庄子》之盗跖与满苟得。盗跖把孔子收拾得体无完肤，落荒而逃还唯恐避之不及；满苟得把孔子优秀弟子子张收拾得不比孔子差哪去。

哥俩：我们的哲学观和你不一样！夫善治外者，物未必治，而身心交苦；善治内者，物未必乱，而性交逸。

像你所谓的治外，其法只能暂行于一国，并不能合于人心。像我们的内治，可推之于天下，君臣之道都可以歇菜了！我们本来想以此术教化你，你反倒先教育起我们来。**老庄孙子**：到底谁无理？

结果，子产茫然无以应，他日以告邓析。

邓析：老兄！你傻呀，你和真人在一起竟然不知，谁说你是位智者？看来，郑国之治纯属偶然，根本不是你的功劳！**老庄孙子**：邓析反水了！邓析因私法、刑名被子产杀戮。

杨朱，我真想尊称他为杨子！继续论生死。

呵呵，果不其然！接下来就是杨子。

孟孙阳问杨子：有人于此，贵生爱身，以蕲不死，可乎？**老庄孙子**：哈哈！连老子都收拾了！

杨子：理无不死。

孟孙阳：以蕲久生，可乎？

杨子：理无久生。生，非贵之所能存；身，非爱之所能厚。为何要活那么长？你可知，五情好恶，古犹今也；四体安危，古犹今也；世事苦乐，古犹今也；变易治乱，古犹今也。既闻之矣，既见之矣，既验（经历）之矣，百岁犹嫌其多，何况久生之苦也者？**老庄孙子**：见仪封人与尧的对话。

第十七章 究竟无我

孟孙阳：按你的说法，速亡胜于久生？也就是说，践锋刃，入汤火，就了了快死之愿？

杨子：不然！既然生了，就顺其自然，随心所欲（不逾矩），直到自然死亡，最好寿终正寝；将死，也顺其自然，随心所欲，任其天命，死就死了，但还是要活到尽头。所以，人生，无不废，无不任，何遽迟速于其间乎？**老庄孙子**：算命先生说你明天死，今天还得好好活。随缘消旧业，更不造新殃。

来了！拔一毛以利天下而不为。

杨朱：伯成子高（《庄子》中有），不以一毫利物，舍国而隐耕；大禹，不以一身自利，一体偏枯（半身不遂）。古之人，损一毫利天下不与也，全天下侍奉一身不取也。人人不损一毫，人人不利天下，天下治矣！**老庄孙子**：杨子的本意在此！注意！杨朱说的是"古之人"！而非己说。

禽子（禽滑厘）问：用你的一根毫毛，就可以救这个世界，您愿意吗？

杨子：胡说！这个世界怎么会一毛所能救济呢？

禽子：如果能呢，你做不？

杨子弗应。**老庄孙子**：有人问孔子：井里有仁义，你跳下去吗？

禽子自以为是，跑去说给孟孙阳。孟孙阳：你根本不了解夫子之心！我给你讲讲。削掉你身上一块肉，给你一万金，如何？

禽子：我愿意。

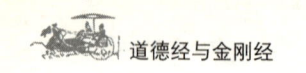

孟孙阳：那断你一只胳膊或一条腿，让你得一国，怎么样？

禽子默然有间。

孟孙阳：一毛微于肌肤，肌肤微于一节，明白吗？然而，积一毛以成肌肤，积肌肤以成一节。一毛，他也是一体万分中之一物，奈何轻之？

禽子：我没法回答你。但是，如果以你之言问老子、关令尹喜，则你说的是对的；如果问于大禹、墨翟，则我的对。

孟孙阳则"王顾左右而言他"，不置可否。**老庄孙子：谁是谁非？**

杨朱论历史人物：天下之美归之尧、舜、禹、周、孔，天下之恶归之桀纣。然而，舜耕于河阳，陶于雷泽，四体不得暂安，口腹不得美厚，父母不爱，弟妹不亲，都三十岁了，竟然不告而娶。及受尧之禅位，年事已高，智已衰。儿子商钧不才，只得禅位于大禹。最后戚戚焉以至于死，是天下第一可怜人！

至于大禹，他爹治水不利，被活埋于羽山。**老庄孙子：舜杀鲧。绝不是口诛笔伐！**

无奈，大禹继承父亲未尽事宜，不敢有丝毫懈怠，侍奉仇人，以荒土为业。儿子降生连起名的时间都没有，更不可能回家一见，自此九年，三过家门而不入。身体半身不遂，手脚都是牛皮一样的老茧。好不容易，舜禅位给他，卑宫室，只有祭祀时才穿好一点的衣服。就这样，戚戚然以至于死，他真是天下最忧愁痛苦之人。

再看周公：武王死，成王幼弱，周公摄政。召公不悦，四处造谣。新建皇宫洛阳，三年，兄弟阋墙，不得已，杀兄放弟（诛管叔，流放蔡叔），直到晚年交权给成王，才全身而退，最后也是戚戚然以至于死。他是天下最危惧者！**老庄孙子**：周公奠定中华文化、制度基础。孔子所要整理宣扬的主要是周朝文化，而周公是集大成者。

再说孔子：孔子明帝王之道，应时君之聘，结果，伐树于宋，削迹于卫，穷于商周，围于陈蔡，受屈于季氏，见辱于阳虎，戚戚然以至于死。一辈子栖栖惶惶如丧家犬，是天之戮民。**老庄孙子**：孔子说自己是"遭天谴之人""丘，天之戮民也"。《庄子》中记载孔子极为丰富。笔者受南师启发专门写了一篇《庄子里的孔子》。

最后杨朱结论：这四位圣者，生无一日之欢，死有万世之名。而所谓名，并不与实际相符。他们死后虽有称颂可他们并不知道！就是再大的赏赐、祭祀他们也不知道！他们死后与枯树、土块、尘垢有什么不同？**老庄孙子**：庄子是"尘垢秕糠犹能陶铸尧舜者也"！确实是同出而异名。

杨子说桀纣：桀籍累世之资（整个夏朝），居南面之尊，智慧足以驾驭臣下，威武足以震荡海内；恣耳目之所欲，穷意虑之所为，熙熙然以至于死，他是天下最安逸放荡浪漫者。

纣亦籍累世之资（整个商朝），居南面之尊，力扛山兮气盖世，威无不行，志无不从，聪明透顶；肆情于倾宫、纵酒好色、酒林肉池，昼夜纵欲；不以礼义自苦，熙熙然以至于诛。他是天下最放纵任性者也。**老庄孙子**：杨朱真知桀纣也！纣，解剖、针灸学的鼻祖。子产兄弟是跟纣王学的，只不过，一个是酒，一个是色。《庄子》"大宗师"：泉涸，鱼相处于陆，相呴以湿，相濡以沫，不如相忘于江湖。与其誉尧而非桀也，不如两忘而化其道。两人何其一致！子贡说：桀纣没人们说的那么坏。

杨子评论：彼二凶者，生，有纵欲之欢，死披愚暴之名。所以，实者，固非名之所与也。虽毁之不知；虽称之亦不知。同样，和枯枝、土块没什么区别。那四圣虽美之所归，却苦以至终，同归于死矣；这二凶，虽恶之所归，却乐以至终，也是同归于死。**老庄孙子**：名实难副啊！生是二，死是一。归一，皈依。六人均乐，只是所乐不同。

真是爱不释手！ 最后一段，杨子论至私、至公：人是效法天地之类，怀五常（五行非仁义礼智信）之性，是众生之最灵明者。人，爪牙不足以供守卫，肌肤不足以自御寒，趋走不足以逃厉害，无羽毛以御寒暑。必将资物以为养性，任智而不恃力。故，智之所贵，存我者贵；力之所贱，侵物为贱。**老庄孙子**：抨击西方所谓"物质文明"之最尖锐利器！

然而，身非我所有也，既生，不得不全之。**老庄孙子**：曾子病重遗嘱："启予足！启予手！《诗》云：战战兢兢，如临深渊，如履薄冰。"而今而后，吾知免夫！小子！发肤授之于父母，不可不慎。老子"古之善为道者。豫兮若冬涉川，犹兮若畏四邻，俨兮其若客"。

物，非我所有也，既有，不得不去之。**老庄孙子**：庄子"物物而不物于物"。

身，固生之主，物亦养之主，虽全生身，不可有身。**老庄孙子**：老子之"及吾无身，吾有何患？外其身而身存，后其身而身先"。

虽不去物，不可有其物。**老庄孙子**：见《庄子》"刻意"篇。《黄帝阴符经》："三盗即宜，三才既安。"

如果是，有其身，有其物，那是横私天下之身，横私天下之物，其唯圣人乎？公天下之身，公天下之物，其唯至人矣！此之谓至者（最牛的人）也！**老庄孙子**：只有圣人，至人才能至私至公，至公至私！天地不仁，天无不覆，地无不载，阳光普照，四时行焉。"天长地久。天地之所以长且久者，以其不自生，故能长生。是以，圣人后其身而身先，外其身而身存。非以其无私邪？故能成其私！"这才是真人，一个真正顶天立地唯我独尊的人！不是人，是佛！杨朱，不愧受老子点拨者！

不说了！不能再说了！关于黄帝之"修心、调息"；颜回的"坐忘"；孔子的"心斋"；庄子的"逍遥、在宥"；南郭子綦的"形如槁木，心如死灰"；列子的"御风"；关令尹喜、释迦牟尼、维摩诘的"幻化"等等，就不一一而论了。

解释释迦此章"无实无虚"，莫过于《庄子》"应帝王"篇之混沌之说！

南海之帝曰儵，北海之帝曰忽，中央之帝曰混沌。儵与忽时相与遇于混沌之地，混沌待之甚善。儵与忽谋报混沌之德，曰：人皆有七窍以视听食息，此独无有，尝试凿之。日凿一窍，七日而混沌死。

还有《老子》第十四章"赞玄"：视之不见，听之不闻，博之不得。此三者不可至诘，故混而为一。其上不徼，其下不昧，绳绳兮不可名，复归于无物（极）。是谓无状之状，无物之象，是谓恍惚。迎之不见其首，随之不见其后。执古之道，以御今之有能知古始，是谓道纪。

第二十一章"虚心"：孔德之容，惟道是从。道之为物，惟恍惟惚。惚兮恍兮，其中有象；恍兮惚兮，其中有物；窈兮冥兮，其中有精。其精甚真，其中有信。自今及古，其名不去，以阅众甫。

关于"灭度众生"。第二章、第三章、本章都在说，无非是发心，度后放心。灭的是"恶"，度的是"善"，最终开悟、涅槃。**老庄孙子**：我还是不喜欢"寂灭、无常"这样的字眼。

释迦解燃灯佛。一天，释迦问迦叶：迦叶！如果千百年，有一极大暗室，不点灯。这个极暗之室，没有窗户，就是针眼儿那么大的孔都无，日月烛火等等所有光明，无能得入。迦叶！如果在这暗室中燃火灯明，此"暗"非要说"我住此已千百年，今不应离去！"

迦叶：不也，世尊！当燃灯时，此暗已去。

释迦：如是，迦叶！百千万劫所造业障，信如来语，解知缘法，修观察行，修于定慧，观"无我、无命、无人、无丈夫"等，我说这个人，名为"无犯、无处、无集"。以是事故，当知赢劣诸烦恼等，智慧灯照，势不能住。**老庄孙子**：老庄、孔子都讲"薪尽火传""虚室生白"。

禅师用孔子之道棒喝黄庭坚。黄庭坚，北宋著名诗人、书法家。在家居士，号山谷道人，好佛，还是临济宗黄龙派

第十七章　究竟无我

黄龙祖心禅师的"衣钵"继承人。善作艳词，常与圆通秀禅师相往来。

有一天，禅师呵斥他：难道你一生就以艳词、书法为伍吗？并举当代画马大师李公麟之例。

黄庭坚：你想置我于马腹之中吗？

禅师：马腹？我还想把你变成牛去耕地！就凭你用艳丽的辞藻迷惑天下。

黄庭坚怵然醒悟，因此绝笔，痛戒酒色吃素，津津于禅。

过了几天，黄庭坚又去拜访晦堂禅师，祈求指引参禅悟道的快捷方式。

晦堂禅师：孔子曰："二三子以为我隐乎？吾无隐乎尔！吾无行而不与二三子者，这就是我孔丘啊！"**老庄孙子**：《论语》"述而第七"。

禅师：你居俗于家，何以谈论禅门之事呢？

黄庭坚刚要搭话，晦堂禅师又说：不是，不是！

黄庭坚莫名其妙。

又过了几天，黄庭坚约晦堂禅师游山，时值桂花盛开，香溢四散。

禅师：闻到（道）了吗？

黄庭坚：闻到了。

禅师：我无隐乎尔！

黄庭坚悟其意，一揖到地，随后说：你真是老婆心切。

禅师：只要你闻道就好。**老庄孙子**：苏东坡、白居易等均好佛。

第十八章　法界通化

须菩提！于意云何？若有人满三千大千世界七宝以用布施，是人以是因缘得福多不？

须菩提：如是，世尊！此人以是因缘得福甚多。

须菩提！若福德有实，如来不说得福德多；以福德无故，如来说福德多。老庄孙子：授之以鱼不如授之以渔。再解脱也不能饿死吧？如颜回。

此章是紧接上章所说，如若不然，不会轻易看懂。其核心就一句话：无心，不要有意布施才是真布施。不仅仅是实物布施，还有法布施。既要让众生衣食足，又使之知礼节；既要使国家仓廪实，又要使众生知荣辱。全身心的满足、快乐！这才是真的大智慧、大慈悲。也就是站在这个角度上，孔子才礼赞管仲"大仁大义"。这也是老子当然包括释迦牟尼最终追求的"清静无为""无为无不为"的究竟！**老庄孙子**：俗语"享清福"。

梁武帝的福德。"南朝四百八十寺，多少楼台烟雨中"，说的就是梁武帝一生酷爱佛教，爱到竟把自己卖到寺庙再让众大臣赎回！武则天也都是有为功德，小道。**老庄孙子**：救人一命胜造七级浮屠。

此章的关键字"因缘"。这也是佛学的一个极重要的概念。也就是现代哲学所说的内因、外因。"因"自然是内因，是主要条件；"缘"则是外因，是外在的次要条件。就像种子（人的遗传，佛学的第八识都是种子）是"因"，阳光、雨露、泥土为"缘"，因缘和合而成五谷（子孙）。

在此章，"因"就是"应无所住"，即上一章"三心不可得"的心；"缘"就是"而生其心"，孔子之"虚以待物"。"满三千大千世界的七宝"，如子贡所追求的"博施济众"是出于无心而不是有意的，其德莫大焉！即释迦所说"以如是因缘得福德多"；即老子"圣人不积，既已为人己愈有，既已与人己愈多"；天之道，利而不害，人之道，为而不争；既要"立天子，置三公"，更要"坐进此道"；"是以，圣人不言为天下式，不自见，故明；不自是，故彰；不自伐，故有功；不自矜，故长。夫唯不争，故天下莫能与之争"；"上善若水。水善利万物而不争，处众之所恶，故几于道"；"天地不仁以万物为刍狗；圣人不仁以百姓为刍狗。圣人无常心，以百姓心为心。善者吾善之，不善者吾亦善之"；"道常无为而无不为。侯王若能守之，万物将自化"。**老庄孙子**：地藏菩萨"地狱不空誓不成佛"。既要形全、才全，更要德不形。

自净其意，心无所住而又慈悲众生者，莫过于观世音菩

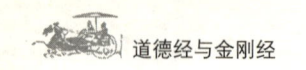

萨。心无所住，心田纯净无染，又化身无穷，随缘，上天入地，六道轮回，循声救苦，普度众生。

唐代的智舜禅师为救被猎人射伤的野鸡不惜割下自己的耳朵救赎。致使猎人感动再不狩猎杀生。

唐朝贯休禅师嘲讽南郭子綦：露滴红兰玉满畦，闲拖象屐到峰西。但令心似莲花洁，何必身将槁木齐？古堑细香红云者，半峰残雪白猿啼。虽然不是桃花洞，春至桃花亦满溪。
老庄孙子：南郭子綦，《庄子》"齐物论"中开篇那位"形如槁木，心如死灰"讲"天籁、地籁、人籁"以及"吹万不同"很有道行者。但在女偶（神）面前仍属小巫。

看一段著名的禅师收拾老道的故事。话说唐朝末年有一位失意少年，三次应试三次名落孙山，此人就是狗咬的那位吕洞宾。落魄无聊到小酒馆喝酒，遇上汉钟离，教给他延命养生术，从此吕洞宾归隐山林，不知所踪。有一次他游历到庐山，在墙壁上题了一首诗：一日清闲自在身，六神和合报平安。丹田有宝休寻道，对镜无心莫问禅。

又一次，路过黄龙山，见山顶紫云成盖，知道此地有高人，遂上山拜访。正值黄龙禅师讲经，他也听闻，被禅师发现，大喝：此处有偷法贼！无奈，吕洞宾现身诘问禅师：一粒米中藏世界，半升锅里煮山川。为何？

禅师用手一指：你这个守尸鬼！

吕洞宾：你怎么奈何得了我的不死药。

禅师：就算你活上千年万载，最终还不是个死！

吕洞宾二话没说，挥剑飞身直刺黄龙禅师，力大势沉，可是却没伤其毫毛！吕洞宾当即跪下请求开示。

黄龙禅师：半升锅里煮山川且不说，你就说说何谓"一粒米中藏世界"吧！

吕洞宾当下大悟，偈曰：扔掉瓢囊摔碎琴，如今不恋汞中金。自从一见黄龙后，始觉从前错用心。**老庄孙子**：修身与修心同样重要！

第十九章　离色离相

须菩提！于意云何？佛可以具足色身见不？

须菩提：不也，世尊！如来不应以具足色身见。何以故？如来说具足色身，即非具足色身，是名具足色身。

须菩提！于意云何？如来可以具足诸相见不？

须菩提：不也，世尊！如来不应具足诸相见。何以故？如来说诸相具足，即非具足，是名诸相具足。老庄孙子：世尊、佛、如来，在此都是指释迦牟尼，名而已。老子、释迦一生所要究竟的就是"道可道，非常道；名可名，非常名""所谓……即非……是名……"

此章的中心意思如题目"离色离相"，还是紧接着上章"应无所住"，再从"色、相"上解。星云大师解为"见身无住，离相见性"，是从"有"到"无"，"形下到形上"的问题，两相合一就是"明心见性"，即如来。也是现代哲学所谓"形而上的本体"；即老子之"道"，孔子之"形而上者谓之道"；释迦的法尔如是、如如不动、真如；黄老、老庄的真人、神人、

第十九章　离色离相

至人等等。虽不着"色、相",却是由"色相"等形下具体升华、抽象出来的。**老庄孙子**:可见,形而上学绝非西方哲学的专利!

说说真人、真如、真知。

老子曰:古之善为道者,微妙玄通,深不可识。夫惟不可识,故强谓之容。豫兮若涉冬川,犹兮若畏四邻,混兮其若浊,俨兮其若客,涣兮其若凌释,敦兮其若朴,旷兮其若谷。

《庄子》"大宗师"篇中的真人:有真人然后才有真知。何谓真人?古之真人,不逆寡,不雄成,不谋事。若然者,过而弗悔,当而不自得。若然者,登高不栗,入水不濡,入火不热,是智之能登假于道者也若此。**老庄孙子**:似《列子》"周穆王"篇之西来化人。印度文化文明很早就传入中国。此为一证。

古之真人,其寝不梦,其觉无忧,其食不甘,其息深深。真人之息以踵,众人之息以喉。屈服者,其嗌言若哇。其嗜欲深者,其天机浅。**老庄孙子**:《列子》中壶子。

古之真人,翛然而往,翛然而来而已矣。不忘其所始,不求其所终。受而喜之,忘而复之。是之谓不以心捐道,不以人助天,是之谓真人。**老庄孙子**:孔子说"人能弘道,非道弘人",又说"参赞天地之化育"。

若然者,其心志,其容寂,其额宽。凄然若秋,暖然似春,喜怒通四时,与物有宜而莫知其极。**老庄孙子**:绝不是"寂灭"!

故，圣人之用兵也，亡国而不失人心（文王之祖亶父）；利泽乎万世不为爱人。所以，乐同物者，非圣人也；有亲，非仁也；天时，非贤也；厉害不同，非君子也；行名失己，非士也；亡身不真，非役人也。诸如，狐不偕（尧时人）、务光、伯夷、叔齐、箕子、纪他、申徒狄等等，是役人之役，适人之适而不自适其适者也！**老庄孙子**：都不够究竟！孔子："喜怒哀乐之未发，谓之中；发而皆中节，谓之和。中也者，天下之大本；和也者，天下之达道。致中和，天地位焉，万物育焉，四时行焉。"

古之真人，其状义而不朋，若不足而不承；与乎其觚而不坚也；张乎其虚而不华也；邴邴乎其似喜也，崔乎其不得已也，滀乎进我色也，与乎止我德也，厉乎其似世也，謷乎其未可制也，连乎其似好闭也，悗乎忘其言也。其好之也一，其不好之也一；其一也一，其不一也一。其一与天为徒，其不一与人为徒，天与人不相胜也。是之谓真人。**老庄孙子**：天人合一。阴阳相推（胜）万物安。

庄子评论：死生，命也，如夜旦之有常。夫大块载我以形，劳我以生，佚我以老，息我以死。所以，善吾生者，乃所以善吾以死。有人以为，藏舟于壑，藏山于泽（只露冰山一角），谓之固矣！然而，夜半有力者背走，昧着不知也。**老庄孙子**：想起大草原牧民过年放牛马，十天半月才拿望远镜站在山包上远望，大概其就那一群，又回家请客喝酒唱歌跳舞。其实，聪明之外省人等早已用大卡车拉走了一车又一车。就是拉，不是偷！光天化日之下，明目张胆！真是庄子的知音。

常理，藏小于大，是合情合理的，但也确实会丢。如果，藏天下于天下又何丢之有？这才是万物有道者之根本！

庄子论道：夫道有情有信，无为无形，可传而不可受，可得而不可见；自本自根，未有天地，自古以固存；神鬼神帝，生天生地；在太极之先而不为高，在六极之下而不为深，先天地生而不为久，长于上古而不为老。**老庄孙子**：这简直就是黄帝、老子的原话！释迦的"不可思议"！六祖的渊源。

庄子接着说：这个道啊！如果是，豨韦氏得之，以挈天地；伏羲氏得之，以袭气母；北极得之，终古不忒；日月得之，终古不息；堪坏（山神）得之，以袭昆仑；冯夷（河神）得之，以游大川；肩吾得之，以处大山；黄帝得之，以登云天；颛顼得之，以处玄宫；禺强（水神）得之，立乎北极；西王母得之，坐乎少广，莫知其始，莫知其终；彭祖得之，上及有虞（舜），下及五霸（彭祖不止活800岁！）；傅说（商相）得之，以相武丁，奄有天下，乘东维、骑箕尾而比于列星。**老庄孙子**：这就是老子之"一"啊！孔子之"一以贯之"者！《老子》"法本"：昔之得一者，天得一以清，地得一以宁，神得一以灵，谷得一以盈，万物得一以生，侯王得一以为天下正。其致至也（反言之），天无一以清将恐裂，地无一以宁将恐发，神无一以灵将恐歇，谷无一以盈将恐竭，万物无一以生将恐灭，侯王无一以为正将恐蹶（被颠覆）。即三亚南山大门正面横匾，我老婆念"二不（其实是不二）"，反面横匾"实一"，也

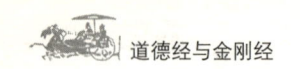

是"同出而异名",既不是唯物的,也不是唯心的,更不仅仅是辩证的尤其是所谓的"三段论",而是"唯无"的、变化多端的至少是八八六十四卦还"以至于无穷""无实无虚"的!

《维摩诘经》"弟子品"中阿耶律(因为眼神不好,佛祖帮他穿针引线的那位,号称天眼第一)的天眼通。同样,释迦牟尼委派阿耶律代表他去探望维摩诘,他也不敢去。因为有一次,一位名叫严净的色界天的梵天王问阿耶律:您的天眼通都能看见什么?

阿耶律:仁者(也称善知识)!我见此释迦牟尼佛土,三千大千世界,就像看手掌中一粒橄榄果那么清楚。**老庄孙子**:《黄帝阴符经》之"宇宙在乎手,万化生乎心"。

维摩诘诘问阿耶律:嗨!阿耶律!你那天眼所见,是有相啊还是无相?如果有相,即堕入邪魔外道,若无相则不应有所见。**老庄孙子**:两头堵死。

阿耶律无言以对,傻乎乎地立在那里。其他梵天王认为维摩诘确实了得,便替阿耶律解围:那您说这世上谁有天眼?

维摩诘:有佛世尊,得真天眼,常在大定静中,得无上正等正觉,悉见诸佛国,不以二相。**老庄孙子**:此佛,不一定是释迦牟尼佛。维摩诘乃真善教化者,阿耶律以天眼通第一,他就以此收拾他!其他所有释迦最牛的弟子都是被维摩诘"以其人之道还治其人之身"的。

维摩诘的大神通!维摩诘教训完释迦众弟子包括文殊

菩萨后,已经到了中午,便请他们吃饭。只见维摩诘即刻入于三昧(如黄帝梦华胥国),以神通力,示诸大众。神游过四十二恒沙佛土(一沙一佛土,不可数计),来到众香国,见到香积佛。

香积佛国是什么样子呢?其国香气,于十方诸佛世界人天之香比较,那是最为第一。那里没有小乘的人,也没有小气的人,更没有声闻众阿罗汉等等,只有清净众大菩萨,香积佛正在为他们说法。一切楼台殿阁、大路小径、花园御苑,都是香做的。所食饭之香气,周流十方无量世界。讲经毕,香积佛与众菩萨共进午餐。众天神围绕侍奉。此情此景,维摩诘室的众大仙们都能看得见,个个垂涎欲滴。维摩诘调侃:各位!谁去取些佛饭来我们吃?文殊菩萨不作声,其他遑论。

维摩诘:各位仁者!善知识!无乃可耻。**老庄孙子**:子贡也说过孔子无耻!老子还说过三皇五帝可耻。

文殊菩萨挺不住了:如佛所言,勿轻末学!**老庄孙子**:众生平等。《瑜伽师地论》第一戒就是"自赞毁他"。六祖说张刺史"不可轻视初学"。

维摩诘也觉得玩笑开过了,只好自己去取,只见他不起于座便化作菩萨,维摩诘告诉他的化身菩萨去香积佛国乞食一点香积佛所吃剩饭算是对我们这个娑婆世界的慈悲,并告诉他如此这般的锦囊妙计。

随后,化菩萨升于上方,到了香积佛国,礼香积佛足。又听见他说维摩诘教他的一番说辞,一字不差。随护香积佛左右的众大菩萨们惊问这位天外来客。**老庄孙子**:黄帝也是

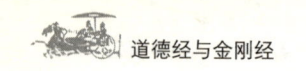

礼拜广成子脚。释迦牟尼涅槃时的卧姿很像广成子接见黄帝时的姿势。

香积佛：这是下方度过四十二恒河沙佛土，有一娑婆世界，其佛号释迦牟尼，今现在于五浊恶世，为乐小法众生敷衍道教。有位菩萨名维摩诘，住不可思议解脱，为诸菩萨说法，所以派遣他的化身来此化缘。

有菩萨问：维摩诘是个什么人，化身为何？何以德力无畏，神足若斯？

香积佛：甚大！一切十方，皆遣化往，施做佛事，饶益众生。**老庄孙子**：周流六虚，变动不居。

于是，香积佛以众香钵盛满香饭，给了维摩诘的化身菩萨。众菩萨觉得好玩，都想到释迦牟尼那个娑婆世界看一看，特别想会一会维摩诘。

香积佛：可以！但有一个条件，你们必须收起各自身上的香气，以免引起那世界众生的烦恼迷惑。还要把你们变成众生模样，以免众生自卑自贱。又嘱咐，不可有轻贱之心。所以者何？十方国土，皆如虚空。也不要尽现清净土耳。**老庄孙子**：因为，娑婆世界大都是乐小法者，甚或连小法也无。入乡随俗。

就这样，维摩诘化身菩萨同香积佛身边所有菩萨（九百万）于香积佛国忽然不见，须臾之间就到了维摩诘居舍。**老庄孙子**：你可知，此时维摩诘室已有人世间菩萨三万二千人，还有众多天人、众生，这一下子又来了九百万大菩萨！那可是方丈小屋。

第十九章 离色离相

维摩诘随即又化作九百万师子之座，严好如前，请诸大菩萨坐其上。**老庄孙子**：是上师之座而非狮子座。

化菩萨将满钵香饭送与维摩诘，饭的香气熏满毗耶离城及三千大千世界。

这下不要紧，全毗耶离城所有婆罗门居士等等闻此香气，身意快然，叹未曾有！于是，长者主月盖（人名）携八万四千人也来到维摩诘室。**老庄孙子**：不是登堂是入室，更不是庭院！

还有，诸地神、虚空神以及欲界、色界诸天闻此香气，也都来到维摩诘室。**老庄孙子**：真是"人间莫若修行好，世上无如吃饭难"啊！

这时，维摩诘对舍利弗等诸众生说：各位仁者！吃吧！这是如来用"甘露"所做，以大慈大悲烧熏，应以无限意识食之，不然会消化不了。**老庄孙子**：不刻意，大乘心。二祖神光向达摩求的就是"甘露"大智慧法门。唐玄宗设甘露殿。形象如庄子之"以无为首，以生为脊，以死为尻，生死同一"。

这时在座一位小乘异教徒忍不住诘问：这么少的一点饭，够谁吃呀？

化菩萨说话了：请不要以声闻、小德、小智来称量如来无量福慧。你可知，四海有竭，此饭无尽。使一切人食，抟若须弥山，亿劫时间也是吃不完的！**老庄孙子**：抟者，揉也，团也。抟气致柔那是老子养生之要。《孔子家语》云："食气者神明而寿，不食者不死而神。"

化菩萨：所以者何？无尽戒、定、慧、解脱知见功德具

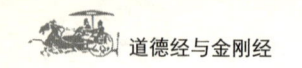

足者,所食之余,终不可尽。**老庄孙子**:聚宝盆。

于是,一钵饭,吃饱了在场所有人,那饭却没少一点点!**老庄孙子**:精神食粮!而人世间最大的业力就是"饮食男女"!所以,告子说"食色,性也"。

第二十章　非说所说

须菩提！汝勿谓如来作是念：我当有说法。莫作是念，何以故？若人言如来有所说法，即为谤佛，不能解我所说故。

须菩提！说法者，无法可说，是名说法。尔时，慧命须菩提，白佛言：世尊！颇有众生于未来世闻说是法，生信心不？

佛言：须菩提！彼非众生，非不众生，何以故？

须菩提！众生者，如来说非众生，是名众生。

此章要表达的核心是佛学的"不可思议"！即释迦牟尼传经布道49年一言未发。也就是老子之"道可道，非常道"！

那他49年都干吗了呢？就是想让众生明白"不可思议"，所说一切都是为了方便众生悟道。至于悟不悟，不取决于释迦而是众生自己，即所谓"彼非众生，非不众生"，悟了就不是众生，不悟还是众生！

同时，他在讲经的49年间，也在寻找天下的传承人，没遇上一个可心人，眼看就要死了，不得已，召集众弟子们开最后一次大法会。几千弟子汇集一堂，释迦坐在主席台上一言不发，下面鸦雀无声，弟子们纳闷儿，师傅今天这是怎么了？大眼瞪小眼，你看看我，我看看你，莫名其妙，不可思议。

这时释迦缓缓地拿起一朵莲花呆呆地看着弟子们，弟子们更加莫名其妙！

只见迦叶微微一笑，释迦兴奋异常，急急如火地让迦叶赶紧上台，立即宣布传衣钵于迦叶，授记禅宗第一祖！确实是，只可意会，不可言传，更不可思议！就这样，释迦了却了一生最重要的情怀，随后，安然涅槃。

事实上，释迦同老子一样，也是迫不得已而传经布道的！本来在菩提树下悟道后，想直接涅槃，一走了之。可是，众天神给他做工作，苦苦哀求，让他普度众生，释迦牟尼只说了一句话：止！止！我法妙难思！**老庄孙子**：吉祥止止，止于至善，不可思议。

释迦晚年临涅槃时，文殊菩萨请求他永住于世，再转法轮。释迦呵斥：我49年住世，不曾一字与人，你让我再转法轮，是生心动念我转法轮之相！**老庄孙子**：释迦说："若有人言如来有所说法即为谤佛。"有偈曰：达摩西来一字无，全凭心底用功夫。若要纸上谈人我，笔影蘸干洞庭湖。所以孟子之"动心忍性"应该是"顿（钝）心忍性"才能得无生法忍。

才能而老子之所谓传承才是真正的不得已！是被关令尹喜紧逼，实在没有办法，急着西域流沙，才留下《道德经》

五千文；还被白居易调侃揶揄了一把：智者不言言者默，此语吾闻于老君。若为老君是智者，为何自着五千文？也如陆游陆放翁调侃姜子牙等隐士们：志士栖山恨不深，人知已是负人心。不须更说严光辈，直自巢由错到今。**老庄孙子**：严，是严子陵，汉光武帝同学，著名隐士；光，则是汉光武帝刘秀；巢，巢父；由，即许由。

说说严子陵吧！东汉，中兴皇帝光武帝刘秀入主天下，他的同学严子陵不同意，也不反对，所以躲了起来。当时，刘秀想统一陇西和西蜀四川，这两地的统治者名叫隗嚣。有一次隗嚣派马援见刘秀后，问：刘秀和刘邦比，如何？

马援：两人都很豁达大度，气派豪爽。只是刘邦不喜欢读书又爱骂人，刘秀则不但学问好还不骂人，也不怎么喝酒，当上皇帝后没杀一个功臣。

刘秀下令寻找严子陵，终于在浙江富春江边找到了他，他正在那反穿皮袄垂钓。刘秀给他大官，不做；让他出主意，不帮！无奈，刘秀说，今晚咱还像同学时共睡一床。睡到半夜，严子陵故意把腿放在刘秀肚子上。刘秀一动不动，以示不摆架子。结果，天一亮，严子陵还是走了。引得后人议论纷纷，其中，清朝一考取功名者路过严子陵垂钓之地，诗曰：君为名利隐，我为名利来。羞见先生面，夜半过钓台。也有人诗曰：一袭羊裘便有心，虚名传送到如今。当时若着衮衣去，烟水茫茫何处寻？**老庄孙子**：汉朝绝不仅仅是"罢黜百家独尊儒术"！唐朝也绝非佛一。"太上不知有之"，真难！

老子也说"大道"是"不可得而亲，不可得而疏，不可得而利，不可得而害，不可得而贵，不可得而贱""不言之教，无为之益，天下希及之"，还说"信言不美，美言不信"。可惜，释迦美言、辩言、虚夸的太多！孟子之"威武不能屈，富贵不能淫，贫贱不能移"，说的是半截子话，不屈于、淫于、移于什么？**老庄孙子**：答曰"道"！包括孔子的"好学近乎知，力行近乎仁，知耻近乎勇"。所谓智、仁、勇"三达德"的究竟仍然是"道"！不然，怎么解孔子"吾道一以贯之"？曾子之解"忠恕"，那已经是二了！

孔子也主张不言之教，反对"巧言令色"，因为"鲜矣仁"！也是"法天、法地"的典范。"天何言哉？四时行焉，万物生焉。""为政以德，譬如北辰，居其所而众星共之。"**老庄孙子**：道家、儒家，不但主张不言之教，更注重无为之治！

牟子也说，佛家、道家一样，都是追求无为、淡泊，其终极目标大乘境界都是无为无不为。但有错解无为的嫌疑。区别在，佛家更倾向于精神层面，道家是以出世心做入世事，偏向于出世，儒家则是汲汲于人间万事入世倾向大一些，即所谓的"粮店、药店、超市百货店"之喻。其最高究竟都是一样的"应无所住而生其心"。

此章变化处，前些章都是须菩提问，释迦答，现在是须菩提也有主动发挥，不知是他自己还是释迦表扬他"慧命"！当然，如果没有维摩诘的"棒喝"，他也慧、空不到哪儿去！

关于"彼非众生，非不众生"，讲一个故事。南北朝时有一位名叫道生的和尚，当时释迦所讲最后一经《涅槃经》只翻译半部，其中有一个问题，说：罪大恶极，杀父杀母、杀佛杀罗汉，这么一个十恶不赦之人能否成佛？

道生论证，能！此论一出，全国哗然，特别是那些法师们恨不得将他碎尸万段，啖其肉，饮其血。不得已，道生逃到江南躲在深山里对着石头不停地讲他的观点！终于有一天，他又讲罪大恶极之人仍能成佛，讲完后，他问石头：对也不对？惊人的一幕发生了！只见顽石前后摇晃似人点头。

老庄孙子：这就是"生公说法，顽石点头"的典故。放下屠刀，立地成佛，一念之间。

第二十一章　无法可得

　　须菩提白佛言：世尊！佛得阿耨多罗三藐三菩提，乃至于无有少法可得，是名阿耨多罗三藐三菩提。

　　最短的一章！上一章说：无法可说、无法可讲、无法可传。这一章又讲无法可得。如六祖所讲，一切万法不离自性，本自空寂，本自具足。自性本自清净，本不生灭，本无动摇，而且能生万法。**老庄孙子：自性觉悟，何得之有？唯道集虚，虚以待物。**

　　老子说：有物混成，先天地生，寂兮寥兮，独立不改，周行而不殆。域中有四大（地、天、人、道），人居其一焉！**老庄孙子：**所谓明心见性，最难见的还是人性。星云大师说：无得之得，得而无得。应了老子之"上德不德是以有德（得道）；下德不失德（有执、有待了），是以无德（不能得道）。上德无为而无以为（有道之人，是无为而无所不为的），下德无为而有以为。是以，大丈夫处其厚，不居其薄；处其实，不居其华"。所谓佛具足色身、具足诸相如三十二相八十种好，即是大丈夫相。

就是佛家三宝"佛、法、僧",也只是证得无上正等正觉的一个方便法门而已!悟道后仍需弃之,最后连觉悟也都无执、无得,即"虚空粉碎",佛亦不住,逍遥、在宥、自由、自在、恬适、无我、坐忘、无待等等,仅此而已。如庄子说:无为名尸,无为谋府,无为事任,无为知主。体尽无穷,而游无朕。尽其所受乎天,而无见得,亦虚而已!至人之用心若镜(释迦之大圆镜智),不将不迎,应而不藏,故能胜万物而不伤。又无不迎,无不将,物来则照,物去不留。

《庄子》"应帝王"再说杨朱见老子:杨朱拜见老子,曰:"有人于此,向疾强梁(老子,强梁者不得好死),物彻疏明,学道不倦。如是者,可比明王乎?"

老子:是于圣人也,胥易技系,劳形怵心者也。且也虎豹之文来田,猨狙之便来藉。如是者,可比明王乎?

杨朱蹴然:敢问明王之治?

老子:明王之治,功盖天下而似不自己,化贷万物而民弗恃。有莫举名,使物自喜。立乎不测,而游于无有者也。

老庄孙子:无名人曰"游心于淡,合气于漠,顺物自然而无容私焉,则天下治矣"!老子此时境界不如广成子。

关于一指禅和《指月录》的出处。"遥指海东新月上",后来的禅宗把祖师们悟道的故事编辑为《指月录》。

《楞严经》上记载:一个人问月亮在哪里,有人用手一指,说在这里。那人只看指头不看月亮。

前面讲过吕洞宾因禅宗而悟道。有一天,他游逛到了金

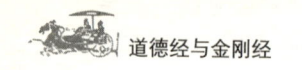

陵南京，穷困潦倒，天天到一个卖糍粑的老太太那乞讨，一吃几年，也没给钱。老太太也不要。吕洞宾忍不住问：你为何不要钱？

老太太：你有吗？

吕洞宾：呵！您真是天下第一好人！您要不要成仙呀？

老太太：不要。

吕洞宾：您要不要发财呀？我可以教给你点金术。说完，在铁锅上一点，铁锅立马变成黄金。

老太太：不要。

吕洞宾：那您到底想要什么？

老太太：要你手指。

吕洞宾愕然偈曰：众生易度人难度，宁度众生不度人。

老庄孙子：得鱼不能忘筌！老太太要的是明心见性。此众生指除人以外的生物。

庄子在"齐物论"中说：以指喻指之非指，不若以非指喻指之非指也；以马喻马之非马，不若以非马喻马之非马也。天地一指也，万物一马也。庄子最终目的是得彼此之间的"道通为一""道枢"，如得其环中，以应无穷。**老庄孙子**：这就是庄子"以明、天钧、天倪、两行、天府、葆光、无竟""任物自化""太极、无极、太无极""适可而几""无适而无不适"，老子的"袭常""袭明"，孔子的"心斋"、颜回的"坐忘"，即明心见性。

第二十二章　净心行善

复次，须菩提！是法平等，无有高下，是名阿耨多罗三藐三菩提。以无我、人、众生、寿者（相），修一切善法，即得阿耨多罗三藐三菩提。

须菩提！所言善法者，如来说即非善法，是名善法。

此章中心是什么？一句话，悟后干什么？行善，普度众生！真正的大乘境界！即老子的"无为无不为"；孔子的"虚以待物""大学之道在明明德，在新民，在止于至善"，"格物致知"后的"诚、正、修、齐、治、平"；观世音的观自在之后的大慈大悲观世音；庄子的"逍遥、齐物、养生、人间世、德充符"后的"大宗师以至于应帝王"，帝王还不行，应是有道者其尘垢粃糠，将犹陶铸尧舜者也。这才是大乘、最上乘菩萨、圣人们的应有情怀！**老庄孙子**：不求福德的善那是真善、至善！即"但行好事，莫问前程"是也。

《**老子**》第 5 章 "虚用（虚者，清净也；用者，行善也）"：天地不仁，以万物为刍狗，圣人不仁，以百姓为刍

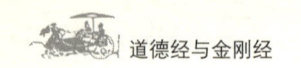

狗。天地之间其犹橐籥乎？虚而不屈，动而愈出。

第27章"袭明"：善行无辙迹，善言无瑕谪，善数不用筹策，善闭无关楗而不可开，善结无绳约而不可解。是以圣人常善救人，故无弃人；常善救物，故无弃物。是谓袭明。

第37章"为政"：道常无为而无不为。侯王若能守之，万物将自化。化而欲作，吾将镇之以无名之朴。无名之朴，夫亦将不欲。不欲以静，天下将自正。

关于"平等无高下"，最根本的还是证得无上正等正觉、般若、涅槃，对待众生乃至一切都无有分别如释迦入舍卫城次第乞讨，不分贫富贵贱，一视同仁。**老庄孙子**：即庄子的等是非、齐万物，岂止是人，就是"中道""中庸"！得道后的"天地不仁，圣人不仁"，众生普度。

第二十三章 福智无比

须菩提！若三千大千世界中所有诸须弥山王，如是等七宝聚，有人持用布施，若人以此般若波罗蜜经乃至四句偈等，受持读诵，为他人说，于前福德百分不及一，百千万亿分乃至算数、譬喻所不能及。

又来了！干吗这么极端？没学过中庸，还没学过"允执厥中"呀？老子之过！光有精神食粮，而无五谷养育，那精神灵魂又寄托在哪里？难道都如孔子言"游魂为变"随风飘荡吗？就算是有转世，那他也得寄托在某个众生的躯壳中啊！个别如佛祖啊、观音啊等等能升什么色界天或者无色界天，那他们来普度众生时不也得有什么三十二相八十种好吗？端着钵（要饭碗）到处讨吃又是为何？更何况众生们的灵魂又如何寄托？没有少女的奶粥，还有释迦吗？

那些后来的大德们大概也发现了问题，如星云大师硬说"福慧并称"；南师怀瑾先生也说"福慧双修"是等称，平等的清福。而释迦在这里要表述的就是二者根本没有可比

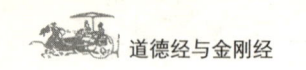

性!即梁太子题目"福智无比"!只是把他的"施若恒沙不若传经布道"推向更加极端!

再者说,有人受持读诵《金刚经》乃至四句偈等,就一定能得般若智慧吗?我看那才是不及百分之一、百千万亿分乃至算数譬喻所不能及!

其实,释迦的本意应该是:有形的布施即便再多,不可以数量计,也总有穷尽的时候,而般若智慧即可自得又可传至永恒。**老庄孙子**:子贡的博施济众也是难之又难的!要不孔子怎么会说"尧舜犹病诸"?当然也有很大很大的福报。

还是老子说得好:立天子,置三公。虽有拱璧,以先驷马,不如坐进此道。对于天子和三公来讲,最重要的不是拱璧、驷马,而是富民强国、修齐治平、内圣外王之"道"!应"以道莅天下"。**老庄孙子**:这恐怕就是所谓"刑不上大夫"的初衷。

所以老子还说:民之饥,以其上食税之多(即孔子说"苛捐杂税猛于虎也";释迦19岁出城时看到众生生死痛苦的惨状,所以才萌发金刚大愿力普度众生),是以饥;民之难治,以其上之有为(妄为),是以难治;民之轻死,以其上求生之厚,是以轻死。**老庄孙子**:佛教为何在印度失传?耐人寻味。

所以,佛也好,道也罢,儒也是,首要度的应是王侯将相们而非众生!因此,西域化人到东土,第一个度的是周穆王;达摩东渡第一个要度的就是梁武帝;西汉、东汉、三国两晋南北朝,佛学东来也都是走的这条路线,如汉明帝梦见佛祖，随后迎取42卷佛经。苻坚为了得一鸠摩罗什，竟然动用大军灭了两个国家才得逞。大唐盛世就更不用说了！武则天三番五次诚心邀请六祖到皇宫度她，虔诚之至；神秀一直是她的座上师。**老庄孙子**：六祖长得太丑如"獦獠"，亦未可知。一笑。

西汉之初，董仲舒鼓动汉武帝"罢黜百家，独尊儒术"，其意也在于此。

唐太宗李世民，非要认祖封老子为"太上老君"；就连小和尚朱元璋也把同姓朱熹视为宗祖，朱熹的思想即所谓《四书集注》竟然统治中国政教800年！

南师解得也好！"福慧双修"，福报与智慧。要想证得菩提、成佛，就必须具备这两样本钱，即佛学中的资粮，资本与资粮，也称为福德资粮，智慧资粮。

就是说，想要悟道、成佛，不是随便打打坐，研究几个公案，磕几个头，拿几根香蕉，烧几箸香，搞点什么放生、法会，甚或修个庙子，更有甚者还搞什么男女双修等等一些外在的、形式的东西，就既求这，又求那，无所不求，更想成佛。无德者，还求佛祖、菩萨惩治伤害其对手，功利心极重！

诸恶莫做，众善奉行，莫以恶小而为之，莫以善小而不为，才是正路。还是我妈和我爹说得好"磕一个头放仨屁，行好没有作恶的多；但行好事，莫问前程"。做一切善事，修一切善行，利人、救世又不图回报，这才是菩萨道。

关于"受持读诵"，后世大德们做如下解：所谓"受"，不仅仅是接受，更重要的是心领神会，起作用，心有所得。

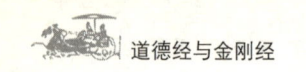

"持"则是修持，像手杖一样，永远靠它走路，牢牢抓住，永不动摇，定静非常以至于生出大智慧！

"读"是看书或轻声读过。

"诵"是要念出来，高声朗诵。

真是这样吗？吾不知！不以为是释迦本意。就如别人送给我一本书，我"接受、把持、默念、诵读"，接过来，拿在手里，然后默默地看，高兴了再大声朗读，顺序，仅此而已。没那么严重！**老庄孙子**：其实《金刚经》翻译的并不像南师说的那么严谨。仅受持读诵就有颠倒！也说读诵受持。

更有甚者如南师解"为他人说"：是悟道之后，教人家，使人家解脱烦恼。还说，教人家，不是要自己当老师、高人一等。**老庄孙子**：那为何让人皈依佛、皈依法、皈依僧？师道不存，何以解惑？

有这样的老师吗？释迦是？孔子是？老子是？又哪里找这样的弟子？就是六祖是，虽早已悟道，五祖还生生让其推了八个月的磨，碾了八个月的米，连磨坊都不敢出一步！南师自己也经常生气、呵斥弟子。禅宗的"棒喝"又做何解？**老庄孙子**：只有大乘师对大乘弟子！

孔子不算！一个子路，用尽心思，竭其所能，教化了40年！最后，子路还是禀性难移，死无葬身之地。

释迦也不是！他所谓最优秀的弟子，什么迦叶、什么阿难、什么须菩提等等，都是在维摩诘一介居士教化下才开悟的。维摩诘威严到以至于病入膏肓（假借以度人），释迦委派众大弟子代表自己前去探望，众弟子吓得都以种种理由拒绝!

反而言之,世上都如五祖那么有慧眼,皆如六祖那么有慧根,"佛祖一拈花,众生皆微笑",套用释迦话"如来所谓众生者,即非众生也",人人成佛,要佛还有何用?又何必费劲传经布道49年?**老庄孙子**:确实无用,无以为用。

我的理想愿景依然是管仲之所为,让众生:仓廪实而知礼节,衣食足而知荣辱。**老庄孙子**:相布施重要,法布施重要,相布施后的法布施更重要。仅仅有法布施,就像人类,仅仅有爱,那是远远不够的!庄子云:虎狼也有仁爱。

至于成佛、菩萨、圣人,乃至于真人、至人、神人等等,甚或是贤人、君子,那只是极个别人的事!人人成佛也只是佛祖的一个理想而已。

第二十四章　化无所化

须菩提！于意云何？汝等勿谓如来作是念：我当度众生。

须菩提！莫作是念，何以故？实无有众生者，若有众生如来度者，如来即有我、人、众生、寿者（相）。

须菩提！如来说所谓有我者，即非有我，而凡夫之人以为有我（是名有我）。

须菩提！凡夫者，如来说即非凡夫，是名凡夫。

一句话，就是虚极静笃、明心见性后的虚以待物。"物来则照、物去不留""不将不迎""无不将也，无不迎也"。

前面说了，其实鸠摩罗什翻译的《金刚经》也不够严谨。我在原文中"（）"标注都是，还未标全！就连释迦之最经典语句结构"所谓……即非……是名……"都不能始终！如此章最后一句应是"如来所谓凡夫者，即非凡夫，是名凡夫"。

我则以为《维摩诘经》虽篇幅很长，但翻译的要比《金刚经》更严谨、流畅。例如：维摩诘帮助释迦牟尼教化其最优秀弟子、五百罗汉，以及弥勒、文殊等等所用语句结构、文字如下。

佛告……如大目犍连：汝行诣维摩诘问疾。……如目犍连白佛言：世尊！我不堪任诣彼问疾。所以者何？忆念我昔……

通篇如此，前后一致。

闲言少叙，书归正传。此章中心思想就是梁太子题目"化无所化"。较比星云大师"生佛平等无我度"要更合老子"道"意！

《老子》第17章"淳风"：太上（如老子、道、如来、真理）不（众生、形下）知有之。其次，亲而誉之；其次，畏之；其下，侮之。信不足焉，有不信焉，悠兮其贵言也。功成事遂（身退），百姓皆谓我自然。

还有我国远古最著名的善卷《击壤歌》：余立于宇宙之中，冬日衣皮毛，夏日衣葛绨。日出而作，日落而息。春耕种，形足以劳动；秋收敛，身足以休食。逍遥（无待）乎天地之间而心意自得（明心见性了）；吾何以天下为哉！**老庄孙子**：真"耕读"，明心见性也！

人人都能活到这份上，谁度谁呀？又何度之有？又何必执着于我度、他度？众生即佛，佛即众生！

至于佛祖的八万四千法门，是为迷途众生随缘而起的解脱烦恼方便门径。也如孔子，知了天地尚有缺憾，所以才"参赞天地之化育"。

就像布袋和尚（我的最爱，弥勒化身），他是怎样度人的呢？背着布袋，至于布袋里装的是什么？众说纷纭。我倒

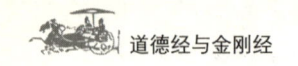

以为像老道的葫芦，玄之又玄的甲骨文象形字，其中，无所不装又空无所有。到处游逛。遇有缘者需其度化，他便放下布袋，一言不发，微笑看着他,这是弥勒的微笑,不是迦叶的！是被度者有所执，而非释迦拈花。行人不解，那肯定无缘，弥勒则背起布袋继续前行；行人若有所悟，他依然背起布袋继续前行。悟不悟是你的事，接引不接引是我的事。这就是所谓的佛度有缘人。**老庄孙子**：有缘千里来相会，无缘对面不相识。也是孔子之"交臂非故"。

第二十五章　法身非相

须菩提！于意云何？可以三十二相观如来不？

须菩提（白佛）言："如是！如是！以三十二相观如来。"
老庄孙子："言"亦不要。

佛言："须菩提！若以三十二相观如来者，转轮圣王即是如来。"

须菩提白佛言："世尊！如我解佛所说义，不应以三十二相观如来。"

尔时，世尊而说偈言：若以色见我，以音声求我，是人行邪道，不能见如来。

转轮法王，世间第一福德之人，太平帝王，如哪吒踏轮而来，度转化人，以相著称。

莫名其妙！须菩提到此怎么退转了呢？第5章、13章、20章，均有须菩提说："不可以身相见如来，不可以三十二相见如来。不可以具足色身见，不可以具足诸相见。"还有本章被释迦敲打后也说"不可以三十二相观如来"。是因为一字之差吗？前面是"见"，后面是"观"！而星云大师、南师都解为"眼见、心观"。眼不见，心不烦，有第次关系？还是心不在焉，视而不见，充耳不闻？还是翻译的问题？**老庄孙子**：修行佛法，修"止观"是极重要的！

圣贤们都是极讲究辩证的。从形而下观之，佛当然有肉身相，又因为他有"福慧"的彻底修行，又能随缘表现出各种色相，如所谓的三十二相八十种好等等，即相由心生，也即孔子之"色难"和后人对的"容易"。所谓"善易者不卜"，即此意。**老庄孙子**：如来、不去。

从形而上讲，所谓的法身、如来、真如、道、真理等等，那是不可见的！如梁太子题目"法身非相"，就是本章释迦所要表达的。抽象的真理是不能以具体的色身、相身以及色相声味触法见，不论是眼见还是心观！**老庄孙子**：法身无相。

既然法身非相，那又怎么参悟"法身"呢？

"渐悟"，肯定是绝大多数人走的路线，所谓八万四千法门都是方便。"受持读诵"也是办法。

更好的，恐怕还是老子"虚极静笃"！孔子的"心斋"，颜回的"坐忘"。

《老子》第16章"归根"：致虚，极也；守静，笃也。万物并作，吾以观其复也；夫物芸芸，各复归其根，归根曰静；是谓复命。复命，常也；知常，明也。不知常，妄；妄作，凶。知常容，容乃公，公乃全，全乃天，天乃道，道乃久，没身不殆。**老庄孙子**：说得多好！虚到极点则无所不容如海纳百川弥勒佛之大肚能容；静到极限则清净无染如一轮明月清澈普照万物不遗。

"顿悟"，六祖是天下第一人！他也教人次第：

一是，外观，觉诸法空。

二是，内觉，不被六尘所染。

外不见人之过恶，内不被邪迷所惑，故名曰"觉"，觉就是佛。**老庄孙子**：清净如无树的菩提，无台的明镜，乘天地之正气，逍遥在囿于无何有之乡、广漠之野，又有何尘可染？何惑可迷？这就是"无上正等正觉"！

庄子，第一是逍遥、无待。即使是鲲鹏展翅九万里，仰天瞰地；列子御风之优哉游哉；宋荣子之"举世而誉之而不加劝，举世而非之而不加沮""定乎内外之分""辨乎荣辱之境"，好像"斯已矣"，但还是"比其于世未数数然也"，都是有待、不够究竟！真正得道者、大彻大悟之人是：乘天地之正，御六气之变，以游无穷者，彼且恶乎待哉？

释迦牟尼说的"顶天立地，唯我独尊"！得了道，把握绝对真理的那个法身的大我。

庄子是大乘的境界，真如不二，真俗不二。释迦所谓的"无我"，就是庄子的"至人无己"；释迦的"不住相布施"就是老子的"功成、名遂、身退，天之道也，百姓皆谓我自然也"，即庄子的"神人无功"。佛家修行到第八地意识的果位，叫"无功用地"，一切无所用功，即"无为"地，又"无为无不为"；释迦所谓的"所谓……即非……是名……"，即老子之"名可名，非常名"，庄子的"圣人无名"。**老庄孙子：** 孟子"可欲之谓善，有诸己之谓信，充实之为美，充实而有

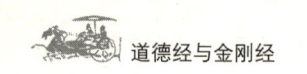

光辉之谓大，大而化之谓圣，圣而不可知之之谓神"。

老子则是"绝圣弃智""圣人不死，大盗不止"，也就是释迦的连佛亦不执。说自己是圣人者那肯定是假圣人！真圣人是"无己、无名、无功"，最伟大的就是最平凡的，就是你功盖天下，普度了众生，也是无功可居，无人可度，因为"百姓皆谓我自然"啊！**老庄孙子**：当今，国学大师遍地！然也？

附和一个圣人和江洋大盗的完整故事。

《庄子·盗跖篇》。

话说，孔子和柳下惠是好朋友（庄子时间有误）。柳下惠有个弟弟叫柳下跖，因为是江洋大盗，所以人们习惯称之为"盗跖"。盗跖集聚9000多强盗，横行天下，侵暴诸侯，挖门盗洞，巧取豪夺，驱人牛马，奸人妇女，贪得忘亲，不管父母兄弟，不祭先祖。所过之邑，大国守城，小国入堡，万民苦之。

孔子实在看不过，找到柳下惠奉劝：夫为人父者，必能诏其子；为人兄者，必能教其弟。如果，父亲不能诏其子，哥哥不能教育弟弟，那是称不上以父子兄弟之亲为贵的！**老庄孙子**：孔子的"仁"道是始于亲情的，亲亲为大！如齐景公所说"父不父，子不子；兄不兄，弟不弟"，世道会大乱的！齐国就是这么乱的，以至于春秋战国皆如此"礼崩乐坏"。

孔子接着劝柳下惠：如今，先生你人世间之大名士也，你弟弟却为大盗，危害天下，不能制止，我为先生不耻。我想替你前去劝说，你看如何？

柳下惠：先生您说为人父者能诏其子，为人兄者能教其弟，若子不听父诏，弟不受兄教，如先生之能言善辩者，又能奈何？更何况，我那个弟弟，其为人也，心如泉涌，意如飘风，其强足以拒敌，辩足以饰非，顺我者昌，逆我者亡。请先生您不要自取侮辱，以我之见，还是不去的好。

孔子不听，执意前往。颜回左驾驶，子贡右驾驶，子路陪同，往见盗跖。**老庄孙子**：智仁勇三达德代表及圣人孔子全员出动。

这时，盗跖正在泰山南坡小憩，喝着小酒就着人肝，众盗围绕。

孔子下车走向寨门，客气地对守门的传令兵说：我是鲁国孔丘，久闻将军大名，特意前来拜见，烦请通报。

传令兵进去通报，盗跖闻之大怒，目如明星，毛发上指，大吼：此乃鲁国巧伪奸佞之人孔丘非邪？你转告他："尔作言造语，妄称文武，戴枯木之冠，扎死牛皮腰带，多辞谬说，不耕而食，不织而衣，摇唇鼓舌，善生是非，以此迷惑天下之主，使天下学士不反其本，妄作孝悌而侥幸于封侯富贵者也！子之罪大恶极！让他赶紧滚！不然，我也用他的心肝做下酒菜！"**老庄孙子**：痛快！知孔子者，盗跖也！祖述尧舜宪章文武，那可是孔子对人类最伟大的贡献！

传令兵如实通报，孔子仍心有不甘：我和他哥哥是好朋友，还是希望到帐下一见。烦请再次通报。

传令兵再次通报，盗跖瞪了瞪眼：真有不怕死的！那就

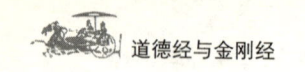

让他进来!

于是,孔子小步快走,避席反走,再拜盗跖。**老庄孙子**:避席反走,礼数也,站起来反向走几步,再回头作揖,以示更加尊重。

盗跖越发愤怒,伸展开两条腿,按剑瞋目,声如猛虎:孔丘!你过来!你所言,顺我者活,逆我者必死!少废话,说吧!

孔子:丘听说,凡天下有三德:天生长大,美好无双,少、长、贵、贱见而皆悦之,此上德也。

智维天地,能辨诸物,此中德也。

勇悍果敢,聚众率兵,此下德也。**老庄孙子**:无仁。

凡人只要有此一德者,足以南面称孤矣,而将军您兼此三者,身长八尺二寸,面目有光,唇如朱砂,齿如齐贝,音如黄钟,却被人名为"盗跖",丘窃为将军不耻。**老庄孙子:真能忽悠!**

将军若有意听臣(多么谦卑)的劝谏,臣将南使吴越,北使齐鲁,东使宋卫,西使晋楚,让他们为大将军您造大城数百里,迁移十万住户(张良那么大的功劳才封万户侯),尊将军为诸侯,与众诸侯平起平坐,罢兵休卒,收养昆弟,共祭祖先。这可是圣人贤士的德行,也是天下苍生之愿啊!**老庄孙子:《登徒子好色赋》之文笔渊源。张仪、苏秦的太师,魏征规谏的始祖!**

盗跖更加愤怒:孔丘!你给我往前站!我告诉你,凡是可以以利、言相规谏者,都是愚民陋夫!而我长大美好,人人见而悦之，这是我父母的遗德！你就是不赞誉我，我难道不知吗？且我听说，好当面誉人者，必好背后毁人。现在，你给我说什么大城众民，纯粹是想以此厚利来收买我。你这点雕虫小技怎么会得逞！**老庄孙子**：晏子也说孔子是"来说是非者，必是是非人。"

城之大者，莫大乎天下矣！尧、舜有天下，而他们的子孙却无立锥之地；汤武靠征伐而有天下，可他们后世却都灭绝了！难道这不是利益太大的缘故吗？！**老庄孙子**：利大灭族！老子曰"其事好还"！报应。

我还听说，远古时代，禽兽多而人少，于是民皆巢居以避之。昼拾橡栗，暮栖树上，故命名之曰"有巢氏"之民。**老庄孙子**：极珍贵的史料！

后来，民不知衣服，夏多积薪，冬则炀之（烧火取暖），所以，命名为"知生"之民。**老庄孙子**：燧人氏。

到了神农时代，卧则安静，起则舒缓，民知其母，不知其父，与麋鹿共处，耕而食，织而衣，无有相害之心，此至德之隆也。**老庄孙子**：母系社会。

然而，黄帝不能致德，与蚩尤战于涿鹿之野，血流百里；等到尧舜做天子，置立群臣。**老庄孙子**：老子之"立天子，置三公"是有史料依据的！

商汤则是放逐其主，武王则是诛杀纣王。自此以后，倚强凌弱，以众暴寡。汤武以来，皆是乱天下之徒！**老庄孙子**：极具史料价值！"唐虞揖让三杯酒，汤武征战一局棋"即源于此。

现在的你！假借修文武之道，掌天下之辨，以教后世，宽衣浅带（儒服），矫言伪行，以迷惑天下之主，而欲求富贵焉！论盗贼再没有比你更大的了！天下人为何不称你为盗丘，却偏偏说我是"盗跖"？真是岂有此理！**老庄孙子**：学而优则仕。

就说子路吧！你甜言蜜语说服子路跟随你，劝他去掉高冠，解其长剑，接受你的所谓教化。天下都说你孔丘能止暴禁非。结果怎么样？子路想杀掉卫君（蒯聩，孔子更是无可奈何溜之乎也）而事不成，结果被人于东城墙上剁成肉酱！这都是你使子路罹此祸患！让他，上无以为身，下无以为人，这是你教化的失败！

你真的以为你是圣人吗？不然，怎么会两次被驱出鲁国，削迹于卫，穷于齐，围于陈蔡，天下之大竟没有你容身之地！你那所谓的"道"高贵在哪里？

若论高贵，天下莫高于黄帝！黄帝尚不能全德，还大战于涿鹿之野，流血百里；尧不慈；舜不孝；大禹半身不遂；汤流放其主；武王讨伐纣王；文王被拘于羑里。此六者，天下皆以为最高贵者。仔细想来，他们都是以名、利惑其真而强行违反人之天性，其行为是可耻的！**老庄孙子**：好家伙！这些可都是孔子最最崇拜的人！

世上所谓贤士，莫过于伯夷、叔齐！两人辞去孤竹国君王之位，不食周粟，活活饿死在首阳山上，尸骨都得不到安葬。

鲍焦（周朝隐士）饰行非世，抱树而死。

第二十五章 法身非相

申徒狄（殷商人）规谏纣王而不听，于是负石投河而死。

介子推可谓至忠，自割其股以食晋文公。晋文公流亡19年后复国，背而弃之，介子推怒而背母离去，母子被晋文公活活烧死在绵山。**老庄孙子**：今太原绵山，因此改为介山。

尾生与女朋友约会于大桥下面桥柱旁，女友不来，洪水时至，尾生不去，抱梁柱被活活淹死。

这六人，无异于被屠宰的狗、沉河的猪（祭祀用）乃至讨吃鬼！都是为了小小的名而轻死，而不念及缮养本性寿命者。**老庄孙子**：《庄子》有专篇"缮性"，《老子》设专章"贵生"。

世之所谓忠臣者，莫过于王子比干、伍子胥。伍子胥被挖眼沉江，比干被剖心，此二子者，世俗所谓的忠臣！然而，最终却被天下人耻笑。

上到黄帝，下到伍子胥、比干，皆不足贵也！**老庄孙子**：老子曰"国乱出忠臣，家贫出孝子"。

至于你孔丘所规劝我的，如果是鬼神之类，我确实知之甚少，若论人事，不过如此，皆我所闻知也。**老庄孙子**：子贡曰"夫子之天命与性不可得而闻欤！"

现在，我告诉你人之常情，目欲视色，耳欲听声，口欲察味，志气欲盈。

人，上寿不过百岁，中寿不过八十，下寿六十，除去病疾死丧忧患，一生能开口笑者，一月之中不过四五天而已。**老庄孙子**：杨朱论述得更彻底。

而天地无穷尽，人死却有时，操有时之具而托于无穷之

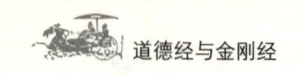

间，忽然间，无异于骐骥之驰过隙也。**老庄孙子**：孔子之白驹过隙，佛家刹那，庄子瞬间，俗语一眨眼工夫。

人生若不能悦其志意，养其寿命者，皆非通"道"者也！**老庄孙子**：再回顾一下杨朱论人生苦乐。庄子之"吾生也有涯，而知也无涯，以有涯随无涯，殆已；已而为智（小聪明）者，殆而已矣！"

你孔丘所崇尚的恰恰是我所要抛弃的。你马上给我滚，不要再废话！你那点玩意（仁道）儿，狂狂汲汲，全是诈巧虚伪之事，非可以全真也，奚足论哉！**老庄孙子**：既不是真理，也不是真如，更不是真人！

孔子见话不投机，还有生命之虞，慌忙地拜了拜，急急出门，赶紧上车，亲自驾车（孔子是驾驭高手），以至于缰绳掉了三次！目茫然无所见，面如死灰，紧紧抓住横辕深深低着头，大气不敢出。一鼓作气，跑到鲁国东门外，恰巧碰上柳下惠。

柳下惠：兄弟！今天怎么这么落魄？几日不见，莫非你真的去见我弟弟去了？

孔子仰天长叹：是啊！

柳下惠：我弟弟是不是大拂逆与你？

孔子：是啊！我孔丘真是那无病自灸没事找事者，疯狂地去撩虎头，拔虎须，拍老虎屁股，差一点死无葬身之地！

老庄孙子：逃跑得太快！圣人和强盗孰是孰非？窃珠者诛，窃国者为诸侯，诸侯门下仁义存焉。

第二十六章　无断无灭

须菩提！汝若作是念：如来不以具足相故，得阿耨多罗三藐三菩提。

须菩提！莫作是念：如来不以具足相故，得阿耨多罗三藐三菩提。

须菩提！汝若作是念，发阿耨多罗三藐三菩提心者，说诸法断灭。莫作是念，何以故？

发阿耨多罗三藐三菩提心者，于法不说断灭相。

我的佛祖啊！您一会儿"若作是念"，一会儿"莫作是念"，翻来覆去，到底要作何念？须菩提都快"无念了"！

说一千，道一万，释迦在此所要表达的是：无上正等正觉，不是断灭、死寂，也不是绝对的"空""无"。是"空灵不寐"，生灵灵的，静极生慧，虚极慈悲，清净中有一种活泼泼的生机，即朱熹悟道后的感觉："半亩方塘一鉴开，天光云影共徘徊。问渠那得清如许，为有源头活水来。"是虚到极点，静到极极而又虚以待物者也。

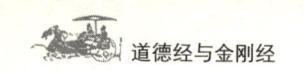

老子的无中生妙有："常无，以观其妙；常有，以观其徼。此两者，同出而异名，同谓之玄，玄之又玄，众妙之门。"是不二，实一，心物一元，一个问题的两个方面。

"道"是"冲而用之或不盈；渊兮似万物之宗；湛兮，似若存"。

天地之间其犹橐钥乎？虚而不屈，动而愈出。

三十辐共一毂，当其无，有车之用；埏埴以为器，当其无，有器之用；凿户牖以为室，当其无，有室之用。故，有之以为利，无之以为用。

释迦之"性空缘起，缘起性空"；庄子的"即生即死，即死即生；生生死死，死死生生"；观音之"色即是空，空即是色"。

《庄子·齐物论》：是故滑疑之耀，圣人之所图也。为是不用而寓诸庸，此之谓"以明"。**老庄孙子**：如日月之光，明心见性，无所不照，即应无所住而生其心。

滑疑者，似有似无，非真非假，非实非虚，即实即虚，惚兮恍兮，恍兮惚兮，是内心光明活泼的那么个境界。如《楞严经》所讲"脱黏内伏，耀发明性"。六根、六尘都脱开了。

庄子之三绝，首先是绝有，其次是绝无，最终是非有非无，即有即无；老子之绝学无忧，为道日损，损之又损，以至于无为，无为而无不为也。既"参寥"又"疑始""无极复无极"也。

庄子还说"道"之宝库：孰知不言之辩，不道之道？若有能知，此之谓"天府"。注焉而不满，酌焉而不竭，而不知其所由来，此之谓"葆光"。**老庄孙子**：天府之国的出处。大海之尾闾，现已被证明存在。

圣人是"不从事于务，不就利，不违害，不喜求，不缘道；无谓有谓，有谓无谓，而游乎尘垢之外"。**老庄孙子**：妙道之行，道亦不执。黄帝犹病诸。

这里释迦要表达的是如何"发心"，一言以蔽之，就是《中庸》之喜怒哀乐之未发，发而皆中节，物来则照，物去不留。

第二十七章　不爱不贪

须菩提！若菩萨以满恒河沙等世界七宝持用布施，若复有人知一切法无我，得成于忍，此菩萨胜前菩萨所得功德。

何以故？须菩提！以诸菩萨不受福德故。

须菩提白佛言：世尊！云何菩萨之不受福德？

须菩提！菩萨所作福德，不应贪著，是故说不受福德。

看看！庄子刚说完，释迦就大谈"不爱不贪"！"道""佛"亦不执，贪爱算何？还是"无相而施"。

何谓"法忍"？是一切法无我，得成于忍的简化。指不执着于一切相，包括欲界、色界、无色界，空亦不执。这就是一切法无我，我无一切法。在此基础上，还要修习，时刻保持这种境界，不生不灭，空灵灵的，物来则照，物去不留，不将不迎。如释迦的割截身体，二祖的断臂立雪，无好恶嗔恨之心，彻底忘我，即颜回的"坐忘"！但仅仅停留在涅槃、了脱生死的境地，那也是空花一片！必须由此生发出大慈大悲的愿力，用自己的大智大慧，以金刚断利之精进，去普度众生,这才是究竟!

此章的中心思想还是:有相的布施,没有无相布施功德大。即做善事不求福德的果报,"但行好事,莫问前程"。诸恶莫做,众善奉行,这是福德;能拿得起,放得下,损之又损、放之又放,以至于无为,那才是大智慧,"虚极则无所不容,静笃则大智慧生"。慈悲、智慧、普度。

忍常人所不能忍,空常人所不能空,空不住空,我无我法,内得般若,外施而不贪着福德,度无人之众生,得无我之果报。即老子之第八十一章"显质":圣人不积(德亦不积,道亦不有),既以为人己愈有,既以与人己愈多。天之道,利而不害;(圣)人之道,为而不争。以其不争,故天下莫能与之争。无为无不为也。

再多的恒河沙等七宝、生命布施,都是有心、有为而为,功德总是有限的,不如一切法无我。无为心遍及三千大千世界,心体无滞,来去自由,逍遥在宥,弘大乘法,化贷万物于无何有之乡,广漠之野,百姓皆谓我自然。善贷且成。

《六祖坛经·般若品》:六祖说:善知识!因为世界虚空,所以才能含万物色像。日月星宿,山河大地,泉源溪涧,草木丛林,恶人善人,恶法善法,天堂地狱,一切大海,须弥诸山,总在空中。世人性空,亦复如是。**老庄孙子:性本空!**

善知识!自性能含万法是大。万法在诸人性中。若见一切人恶之与善,尽皆不取不舍,亦不染著,心如虚空,名之为大,故曰摩诃。善知识!迷人口说,智者心行。又有迷

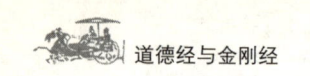

人，空心静坐，百无所思，自称为大。此一辈人，不可与语，为邪见故。**老庄孙子**：人之初，性本空（无）！既无所谓善，也无所谓恶。虚极静笃而生其心。

孔子参观鲁庙的故事。孔子34岁那年，有一天，他带领弟子们去参观鲁桓公庙，见一欹器，不知其名，问守庙人，答曰"宥坐之器"。

孔子：我听说，这种器皿，空时倾斜，中则正，满则覆，果真如此吗？

遂让弟子取水来试验，果然如此。

孔子叹曰：古人云"满招损，谦受益"啊！**老庄孙子**：孔子观周王室太庙也见过此器。1951年6月，此器皿出土于三门峡市渑池县仰韶文化遗址。中道者，中庸之道也。真空不空，妙有不有，此两者，同出而异名，同谓之玄，玄之又玄，众妙之门。

第二十八章　威仪寂静

须菩提！若有人言如来若来、若去、若坐、若卧。是人不解我所说义。

何以故？如来者无所从来，亦无所去，故名如来。

"如来"就是"道"的别名，反之亦可。即释迦所谓"法身"。六祖的"本来无一物"，如如不动，无来亦无去，"如来、不去"。孔子之"为政以德，譬如北辰"者。

《道德经》第25章"相无"：有物混成，先天地生。寂兮寥兮！独立而不改，周行而不殆，可以为天下母。吾不知其名，字之曰"道"，强谓之名曰"大"。大曰逝，逝曰远，远曰反。老庄孙子：宇宙的形成、毁灭、再生。现代的科学无可比敌！霍金也只是预言"上帝粒子可能毁灭宇宙"。从有到无而已。其实空寂不仅是宇宙的一个重要表相，也是修道人的一个重要阶段，如老子、南郭子綦之"形如槁木，心如死灰"。

第14章"赞玄"：视之不见名曰夷，听之不闻名曰希，博之不得名曰微。此三者不可致诘，故混而为一。一者其上不皦，其下不昧，绳绳兮不可名，复归于无物。是谓无状之状，无物之象，是谓恍惚。迎之不见其首，随之不见其后。执古之道，以御今之有，能知古始，是谓道纪。**老庄孙子**：衍射、全息、黑洞，须弥纳介子，介子纳须弥。

所谓"如来"，如者，好像也；来者，来也。好像来了，却又没来。实际上是，既没来，也没去。是众生的本体自性，如六祖所说"何其自性本自清净，何其自性本无生灭，何其自性本自具足，何其自性本不动摇，何其自性能生万法"。如如不动！但又是活泼泼的。**老庄孙子**：即是如来，何谈威仪？名之尔！是对佛之法身的一个称呼。极高明而道中庸者也。天命（本有的那个）之谓性，率性之谓道，修道之谓教。道也者，不可须臾离也。全矣！

至于有道者的表象"威仪"，那是：豫兮若冬涉川，犹兮若畏四邻，俨兮其若客，涣兮其若凌释，敦兮其若朴，旷兮其若谷，混兮其若浊。

唯有道者才能：浊以静之徐清，安以动之徐生。且能蔽而（不）新成！**老庄孙子**：孔子《诗经》"战战兢兢、如临深渊、如履薄冰"，只表达老子之意的一小部分！

老子再说威仪：重为轻根，静为躁君。是以，君子终日行不离辎重。虽有荣观，燕处超然。**老庄孙子**：不以物喜，不以己悲。有人说范仲淹是孔子之后第一人。

《金刚经》阐述性空妙理，无非要吾人生起清净信心，在娑婆世界中，以金刚之明利势力，观照断除一切妄想、妄相，解脱于五蕴樊笼，证得般若、涅槃，度尽着相众生，脱离苦海。

有一次，释迦牟尼在舍卫国祇树给孤独园讲经，问阿难：如果有外道人问你"阿难！佛陀为何教人修梵行？"你怎么答？

阿难：佛陀！我将依你所教，告诉他们，是为了于色修厌，不起恩爱之心，就能离开欲望的摆布，进而灭尽烦恼，直至解脱，并悟到心空寂然、不生不灭的平等法性。从离色相后，于受想行识，亦复如是修行。一个不再受五蕴约束的人，即能与佛心平等相应。**老庄孙子**：阿难就是这么修行来的。以色起戒，最后入无生法忍。

释迦牟尼：阿难！善哉！善哉！应如是回答。所以者何？我确实是为了于色修厌、离欲、灭尽、解脱、不生不灭的缘故教人修诸梵行。**老庄孙子**：朱熹等宋明理（心）学的所谓"存天理，灭人欲"等受佛学道学影响极大！表面上却又极厌恶佛家道家。婊子与牌坊。终不究竟。

怎样供佛？佛祖临涅槃时告诫弟子们，行者应经、戒为庇护，行持觉道来供养佛陀。**老庄孙子**：究竟供养！

佛祖临去世时，嘱咐阿难在拘尸城双树间敷座，使头部向北方，面部朝西方，何以故？我的教法流布，将来当久住北方。**老庄孙子**：北方，应是西藏。面向西，不得而解。还想到极乐世界去？向东才对，莫高窟第158窟佛陀涅槃像是面朝东的！

关于"清净法身"，有个公案，禅宗四祖道信禅师，到

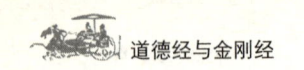

牛头山拜访法融禅师，见法融正在禅坐，旁若无人，等了一会儿，还不见法融醒来，便向前大喊：你在做什么？

法融：观心。

道信：观是何人？心是何物？

法融无语，起身向道信礼拜，问：大德栖止何处？

道信：贫道或东或西，何有来去之所？

法融：那你认识道信吗？

道信：问他作甚？

法融：仰慕已久。

道信：我就是！

法融：大德为何来此？

道信：想找个"宴息"之地。

法融：东边有个小庵。

两人便去，只见毛庵四周尽是豺狼虎豹脚印，道信故作恐惧状。

法融：你还有这个？

道信：你看到什么？

法融又无语，便入内取茶。道信在地上写一佛字。法融正要入座，看见佛字，怵然惊惧，迟迟不敢坐。

道信笑曰：你还有这个在？

法融茫然。**老庄孙子**：道在屎溺！

如何渐至大乘？一曰布施给诸穷乏之人；二曰不于豪劣而生轻重心；三曰所可施与无所希望不求还报；四曰以此功德施与众生。**老庄孙子**：己不达何以达人？己不立（利）何

第二十八章 威仪寂静

以立（利）人？

所以，《老子》第53章"益证"：使我介然有知，行于大道，惟施是畏。大道甚夷，而民好径。朝甚除，田甚芜，仓甚虚，服文采，带利剑，厌饮食，财货有余，是谓盗夸。非道也者！**老庄孙子**：施舍都是件很困难的事！挥霍就更不用说。天之道，以有余奉不足，人之道则是以不足奉有余！以有余奉不足，唯有道者"圣人"能为之。

说一下印心宗始祖大愚阿阇黎的故事。此大德经圣难修炼后，得心中的法印，开印的法门。始祖下乡度生，求法者5.6万人，入室弟子二百余人。为弘法故，所到之处，略显神通，轰动大江南北。遗憾的是广大信众，只重神通不重证悟，不得已始祖易装归隐于四川成都，不知所终。留有一偈：拈花怎么传？不妨密且禅。归隐扬眉际，相逢舜目也。一期从古椁，三界任横眠。临行无剩语，珍重一声。

老子还说：和大怨，必有余怨。那怎样为善呢？圣人执左契，而不责于人。有德司契，无德司彻。天道无亲，常善与人。**老庄孙子**：司彻，只管不停收税者也！根本不管众生死活。即孔子所谓"苛政猛于虎也"！我把"常与善人"改为"常善与人"，则意义大不同，似更妥。因为老子说"圣人不积，既已为人己愈有，既已与人己愈多""善人吾善之，不善人吾亦善之，德善""以德报怨""圣人无常心，以百姓心为心""天之道，利而不害；圣人之道，为而不争"等等，都足以证明。

第二十九章　一合理相

须菩提！若善男子、善女人，以三千大千世界碎为微尘，于意云何？是微尘众宁为多不？

须菩提言：甚多，世尊！

何以故？若是微尘众实有者，佛即不说是微尘众。所以者何？佛说微尘众即非微尘众，是名微尘众。

世尊！如来所说三千大千世界，即非世界，是名世界。老庄孙子：比喻而已。

何以故？若世界实有者，即是一合相，如来说一合相，即非一合相，是名一合相。

须菩提！一合相者，即是不可说，但凡夫之人贪著其事。

佛祖真善喻者，最后连"喻"也打破！不可说，不可思议。

此章关键字"一合相"。所谓"一合相"，就是宇宙、世间万有，包括各种佛法。世间出世间法。即庄子的"道通为一""和之以天均"。释迦一再强调世上一切"有"的客观存在的东西，终归是要毁灭的，即所谓"世事无常"，都是虚妄、不实、幻相，都不应有所执，执了就是凡夫贪者。贪嗔痴三毒，尤其是"贪"是三毒中最难破除的，是众烦恼的根本。

释迦总是把"有"和"无"绝对对立起来，爱走极端。确实不如老子"无中生有有还无""恒无，以观其妙；恒有，以观其徼""高下相倾，有无相生，难易相成，长短相形，音声相和，前后相随"。以及庄子之从万物之"有待的逍遥"到"无待的逍遥"；等是非，齐万物；看破"人世间"；顺其自然"养生主"；不断提高个人修养"德充符"；只要入世就是"大宗师"甚至"应帝王"！不想玩了，出世了，则乘天地之正，骑日月，御飞龙，逍遥、在囿于无何有之乡，广漠之野，与造物者游。**老庄孙子**：宇宙生乎手，万化生乎心。所谓"孙悟空一个跟头十万八千里也逃不出如来佛手心"，即源于《黄帝阴符经》！

庄子也说尘埃、吹万不同，但他的尘埃是干吗的呢？又是怎么吹的呢？有道者，其尘垢秕糠犹能陶铸尧舜者也！**老庄孙子**：真是吹到家了！其实，宇宙万物岂止是人，都是尘垢秕糠，甚至是一炁陶铸的！不知，释迦是否有此意？

事实上，释迦牟尼所要解决的就是一个"心病"的问题！即所谓"三界唯心，万法唯识"。**老庄孙子**：唯识学，熊十力先生研究得比较到位。

维摩诘大居士籍病说法，也是重在解决心病问题。《**维摩诘经**》"文殊菩萨问疾品"。

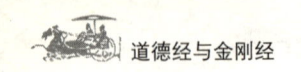

话说，释迦众弟子都不敢去慰问维摩诘，释迦又不好意思自己去，不得已，只得请他的老师文殊菩萨亲自出山，当时称"师利"，字面意思是能带来利益的老师，传道、授业、解惑。

文殊菩萨也很为难，说维摩诘是上人，难以应对。深达实相，善说法要，辩才无滞，智慧无碍，一切菩萨法式悉知，诸佛秘藏，无不得入，降服众魔，游戏神通，其慧方便，皆以得度。**老庄孙子**：简直就是佛！其实就是。香积佛也是这么说维摩诘的。是入世佛，大居士！

诸菩萨、大弟子、释梵四大天王都给文殊菩萨做工作：我们都想聆听您和维摩诘居士共论，必说妙法。

不得已，文殊菩萨也是为了壮胆，便带领八千菩萨、五百声闻、百千天人，浩浩荡荡去慰问维摩诘。**老庄孙子**：这哪里是慰问，是示威。

此时，维摩诘早已知道，赶紧叫下属打扫卫生，清理房间，方丈小屋只留一张床作为维摩诘病榻。静候文殊等光临。

刹那，文殊菩萨众人到来，进屋一看，见其室空，一无所有，只有一床，维摩诘在病卧。**老庄孙子**：凿户牖以为室，当其无，有室之用。

维摩诘先发制人：善来！文殊师利！不来相而来，不见相而见。**老庄孙子**：不是善哉！是善者不来，来者不善。不来而来，不见而见。

文殊还以颜色：如是，居士！若来已更不来，若去已更不去。所以者何？来者无所从来，去者无所从去。所可见者，

第二十九章 一合理相

更不可见。**老庄孙子**：自问自答。如来！

文殊：好了！别斗嘴了，少扯闲篇，说说正事。你的病，怎么样？治疗得怎么样？有好转还是无好转？世尊挂念，无限关怀！您这病，何因所起？多久了？怎么才能好呢？**老庄孙子**：处处禅机，处处陷阱。

维摩诘回答得更见机锋：自从有了痴爱，我的病就开始了。**老庄孙子**：人生三毒，贪嗔痴！庄子论无情。生病生病，有生才有病。有是非、分别心后。有史以来，便有是非、爱憎。

维摩诘由我及众：因为一切众生病，所以我才病。**老庄孙子**：圣人病病，是以不病。我是为众生而病。

反之，若一切众生不病，则我病灭。**老庄孙子**：孔子之"乐天知命故有忧"。地狱空了，地藏也就成佛了，何病之有？

所以者何？菩萨为众生故，才入生死，有生死，则有病。如果众生得离病者，则菩萨也不会再病。**老庄孙子**：夫唯病病，是以不病。无有涅槃佛，无有佛涅槃。大慈大悲也是痴啊！

就像一位老人，唯有一子，其子得病，父母亦病。若子病愈，父母亦愈。**老庄孙子**：孔子之父母唯其疾之忧。这里才是正解！不养儿不知父母恩啊！

菩萨也是如此，于诸众生，爱之如子。众生病，则菩萨病。众生愈，则菩萨亦愈。

你又问病因？我的病，当然也是菩萨病，因大悲起。**老庄孙子**：雍正有诗曰："三十二应露全身，拯救众生渡苦津。

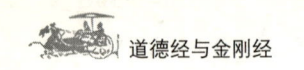

只为慈悲心太切,却将觉海做红尘。"老婆心切。

文殊:居士所疾,为何等相?

维摩诘:我的病无形无相不可见。

文殊:此病是身病还是心病?

维摩诘:不是身病,因为身体总会死掉;也不是心病,心也会幻化。**老庄孙子**:我患有其身,及吾无身,吾有何患?!

文殊:地火水风四大,此四大中,你是哪一大有病?

维摩诘:此病非地大,又不离地大。其他三大亦如此。而众生之病却从四大起,以其有病,是故我病。

过了片刻,文殊又问:大菩萨怎样慰藉开导有病的菩萨?**老庄孙子**:这本是文殊等来此之目的,却反其道而行之。有意思!

维摩诘:身体本就无常,但又不能厌离。**老庄孙子**:知我者也!身体发肤受之于父母,不可毁伤,但也必须看得开,放得下。方能解脱。

人生本就是苦海,但你又不能痴迷于彼岸、涅槃。**老庄孙子**:苦集灭道与常乐我净。智不住三毒,悲不入涅槃。

说身无我,还要说教导众生。**老庄孙子**:无我,怎么会顶天立地唯我独尊?大人!

说身空寂,不说毕竟空寂。**老庄孙子**:一切都是相对。不是绝对寂灭、断灭、无常!

要忏悔以前的恶业,但又不能永远在回忆中生活。**老庄孙子**:要苟日新,日日新,又日新。要不二过,更不能迁怒。

以己之疾，愍于彼疾。**老庄孙子**：幼吾幼以及人之幼，老吾老以及人之老。

当识宿世无数劫苦，当念饶益一切众生。**老庄孙子**：得饶人处且饶人，不然，会有恶报。不慢无告。善者吾善之，不善者吾亦善之。

忆所修福，念于净命。**老庄孙子**：福德是修来的，特别是清福。

勿生烦恼，常起精进。**老庄孙子**：天行健，逝者如斯。

当作医王，疗治众病。**老庄孙子**：大宗师，应帝王。

维摩诘作结：大菩萨应如是慰藉有病菩萨，令其欢心。**老庄孙子**：生命、病苦、修持真谛全在此。

维摩诘刚一说欢心，文殊马上就问：居士，有病的菩萨怎样调伏其心？**老庄孙子**：心病。降龙伏虎。

维摩诘也没客气：有病的菩萨应该这么想，今我此病，皆从前世妄想颠倒等诸烦恼中所生。谁在得病？本就是空！**老庄孙子**：看看《庄子》中众多有病、残疾"德充符"者。庄周更妥。

所以者何？四大和合，假名为身。四大无主，身亦无我。**老庄孙子**：逆旅、过客、载体而已。大块载我以形。

有病，是因为执着我相。所以，于我不应生执着心。**老庄孙子**：有病正好参禅学道了了生死。支离疏，子祀、子舆、子黎、子来。

既知病本，即除我想、众生想，当起法想。**老庄孙子**：相由心生，病由心造，咎由自取。修心最要！清静乃为天下正。

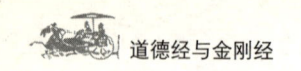

要有这样的念头，但以众法合成此身，起唯法起，灭唯法灭。又此法者，各不相知，起时不言我起，灭时不言我灭。**老庄孙子**：庄子论五脏六腑谁君谁臣。性空缘起，缘起性空。

那些有病的菩萨，为灭法想，当作是念：此法想者，亦是颠倒，颠倒者，即是大患，我应离之。**老庄孙子**：法（念头）亦空掉。解脱、逍遥。无执、无待。

维摩诘自问自答：怎么离呢？先无我。**老庄孙子**：坐忘。怎样无我？要离二法。

怎么离二法？无内亦无外，行于平等。

何谓平等？谓我等涅槃等。**老庄孙子**：等是非、齐万物。

所以者何？我及涅槃，此二皆空。**老庄孙子**：一亦不是。

以何为空？名字而已。如此二法，无决定性。

得是平等，无有余病。唯有空病，空病亦空。**老庄孙子**：空亦不执。

这有病菩萨，以无所受而受诸受。**老庄孙子**：庄子的绕口令。物物而不物于物。应无所住而生其心。喜怒哀乐之未发，发而皆中节，中也和也！

未具佛法，亦不灭受而取证也。设身处地于自身之苦，念及地狱、畜生、恶鬼以及人道中的众生，生发大慈大悲之心。**老庄孙子**：五浊恶世誓先入，唯有道者、大菩萨能为！孔子是也。

维摩诘接着自问自答（所有人可能都傻了）：我自心即已调伏，也应该调伏一切众生之心。**老庄孙子**：有点重复。

但除其病，而治病的方法却要保留。**老庄孙子**：既得鱼又不能忘筌。

为断病本，要教而导之。**老庄孙子**：慧能只有一个，其他都是众生。

何谓病本？谓有攀缘。从有攀缘，则为病根。**老庄孙子**：因为痴爱，是非，攀缘。德荡乎名，智出乎争。

何谓攀缘？谓之三界。**老庄孙子**：好家伙！无色界也不放过。

如何断攀缘？以无所得。若无所得，则无攀缘。**老庄孙子**：无为。

何谓无所得？谓离二见。**老庄孙子**：见二。

何谓二见？谓内见外见。**老庄孙子**：重复。

菩萨打坐叫"宴坐"：不依心，不依身，不依三界，于三界中，不得身心。**老庄孙子**：颜回的"坐忘"。

文殊啊！这就是大菩萨为有病菩萨调伏其心，为其断除老病死苦，是大彻大悟的真菩萨道。**老庄孙子**：籍病说开去，直至解脱开悟。

若不如是，你所谓的修行，既非智慧也无利益。譬如与冤家斗，即便是胜了，那也只是"勇"而已。能助众生既能调伏其心，又能了断老病苦死，那才是菩萨所为。**老庄孙子**：老子曰："勇于敢者死""和大怨必有余怨""以德报怨""善者吾善之，不善者吾亦善之，德善"。疯狗咬了你，你也咬它，你就是疯子。

维摩诘继续：那位有病的菩萨，应复做是念，如我此病，非真非有，众生病也是非真非有。

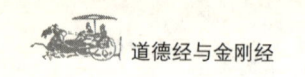

节选一段《庄子》故事吧!

"达生"篇:达生之情者,不务生之所无以为;达命之情者,不务知之所无奈何。养形必先之以物,物有余而形不养者有之矣;有生必先无离形,形不离而生亡者有之矣。生之来不能却,其去不能止。悲夫!世之人以为养形足以存生。

而养形不足以存生,那人活在世上怎样才能养生呢?虽明知不可而为之,那也是不得已,都是眼耳鼻舌身意惹的祸!怎样去掉这些累赘?只有抛弃人间世一切烦恼。看开了、解脱了、逍遥了、在宥了,则无累,无累则正平(维摩诘之行于平等),正平则与彼更生,更生则几矣。

那为何要弃事又要遗生呢?因为,弃事则形不劳,遗生则精不亏。则可形全精复,与天地为一。

天地者,万物之父母也,合则成体,散则成始。形精不亏,是谓能移(感天动地,愚公移山)。精而又精,反以相天。**老庄孙子**:参赞天地之化育。老子"上德无为而无以为""上礼为之而莫之应,则攘臂而扔之""无中生有,朴散则为器"。

紧接着,列子请教关令尹喜:至人潜行大道于人世间不滞无碍,赴汤蹈火也不觉得热,行走于高山大川万物之上毫不畏惧,敢问,他们如何至此的?**老庄孙子**:至人有如维摩诘。

关令尹喜:是纯气之守也!非智巧果敢之列。你坐下,我告诉你。大凡有貌相声色者,皆物也,物与物何以相差那么远?何物居先?是形色而已。**老庄孙子**:能先见者,有形

第二十九章 一合理相

有色也。

然则，物造乎不形而止乎无所化，夫得是而穷之者，物焉得而止乎？彼将处乎不淫之度，而藏乎无端之纪，游乎万物之所终始。一其性，养其气，合其德，以通乎物之所造。**老庄孙子**：无中生有，与造物者游。一合相。

夫若是者，其天守全（全德），其身无隙，物奚自入焉（无懈可击）？譬如，醉者坠车，虽疾不死。其骨节与他人一样，原因就在于他是出于无知（神全）状态。乘亦不知，坠亦不知也，死生惊惧不入于胸，所以就是坠落碰撞都不会惊惧害怕。那人因醉酒尚且如此，更何况得全于天（道）乎！

所以，圣人藏道于天，故莫之能伤（胜）也。复仇者不需要莫邪、干将。虽有岐逆偏心也不会怨恨大风吹落的瓦砾所砸，是因为天下钧平（行于平等）。故无攻之乱，无杀戮之刑者，唯有道者。不刻意开启众生，而要顺天道而为。顺天道者，德生（生德）；刻意人为者，贼生（生贼）。既不厌欲天道，也不忽略众生，几于道也！**老庄孙子**：真如维摩诘所言！孔子之"启、发"。

接着讲维摩诘：作是观时，于诸众生若起爱见大悲，即应舍离。**老庄孙子**：百姓皆谓我自然。慈悲亦不执。

所以者何？菩萨断除客尘烦恼而起大悲，爱见悲者，则于生死有疲厌心。若能离此，无有疲厌，在在所生，不为爱见所覆也。**老庄孙子**：天下本无事，庸人自扰之。活在当下！

所生无缚，能为众生说法解缚。如佛所说，若有自缚，

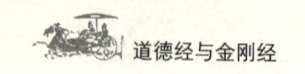

能解彼缚，无有是处。若自无缚，能解彼缚，斯有是处。是故，菩萨不应起缚。**老庄孙子**：以其昏昏，使人昭昭，那是不行的！善结不用绳约。帝之悬解。

何谓缚？何谓解？贪着禅味，是菩萨缚。以方便生，是菩萨解。又无方便慧缚，有方便慧解。无慧的方便那是缚，有慧的方便那是解。**老庄孙子**：如孔子之井里有仁义。好心办坏事。

何谓无方便慧缚？是指菩萨以爱见心庄严佛土，成就众生，于空无相无作法中，而自调伏，是名无方便慧缚。**老庄孙子**：有爱见，就有偏执。佛魔难降。佛降魔，谁来降佛？

何谓方便慧解？是说不以爱见心庄严佛土，成就众生，于空无相无作法中，以自调伏而不疲厌，是名有方便慧解。**老庄孙子**：没有成见，天地不仁，圣人不仁。善护念。无怠。

何谓无慧方便缚？是说菩萨住贪欲嗔恚邪见等诸烦恼，而植众德本，是名无慧方便慧。**老庄孙子**：有心让人成佛，不行！恨人不成佛不信佛，更不行！

何谓有慧方便解？是说离贪欲嗔恚邪见等诸烦恼，而植众德本，回向阿耨多罗三藐三菩提，是名有慧方便解。**老庄孙子**：怎么还愿、回向？得无上正等正觉。一心向善，不求余果。

维摩诘继续重复说病：文殊啊！所有有病的菩萨都应如上观想。又复观身无常、苦、空、非我，是名为慧。虽身有疾，常在生死饶益一切，而不厌倦，是名方便。**老庄孙子**：世事无常，看开点。"一受其成形，不亡以待尽"啊！不能当自了汉。明知不可而为之。

又复观身,身不离病,病不离身,是病是身,非新非故,是名为慧。**老庄孙子**:蔽不(而)新成,《老子》第十五章"显德"。

设身有病,而不永灭,是名方便。**老庄孙子**:烦恼即菩提。

维摩诘:文殊啊!有病的菩萨,应如是调伏其心。不住其中,亦复不住不调伏心。**老庄孙子**:心不在焉,又不能不在。

所以者何?若一心在不调伏心,那是愚人法。若一心在调伏心,又是声闻法,所以菩萨不当住于调伏心不调伏心,离此二法,是菩萨行。**老庄孙子**:可不可,然不然。不住,是转移视线,看开些,不然越想越重;住,是想办法治好病,不能仅仅阿Q精神。应无所住而生其心。

在于生死娑婆间不被污染,住于涅槃也不是永远灭度,这是菩萨行。**老庄孙子**:世间出世间,都逍遥在宥。

非凡夫行,非圣贤行,是菩萨行。**老庄孙子**:中道。不人不鬼,即人即鬼。

非垢行,非净行,是菩萨行。**老庄孙子**:不垢不净,尘垢秕糠犹能陶铸尧舜者也。

虽过魔行,而现降伏众魔。**老庄孙子**:佛魔两解。

求一切智,无非时求,是菩萨行。**庄老孙子**:随时随地得大智慧又不懈怠。

虽观诸法不生,而不入正位,是菩萨行。**老庄孙子**:正

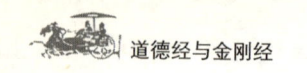

己正人，又不自以为是。

虽观十二缘起，而入诸邪见，是菩萨行；虽摄一切众生，而不爱着，是菩萨行；虽乐远离，而不依身心尽，是菩萨行。**老庄孙子**：须菩提就是出离心者之典型，没有菩萨行。身心道合一。

虽行三界，而不坏法性，是菩萨行。**老庄孙子**：出于污泥而不染。

虽行于空，而植众德本，是菩萨行。**老庄孙子**：《易经》之"善不积不足以成名，恶不积不足以灭身。所以要诸恶莫做，众善奉行"。

虽行无相，而度众生，是菩萨行。**老庄孙子**：做好事不留名。

虽行无作（愿），而现受身，是菩萨行；虽行无起，而起一切善行，是菩萨行。**老庄孙子**：还是"应无所住而生其心"。

虽行六波罗蜜，而遍知众生心、心数法，是菩萨行。**老庄孙子**：释迦的另一个法号"正遍知"。

虽行六通，而不尽漏，是菩萨行。**老庄孙子**：庄子之六通四辟。漏尽后的不漏尽。

虽四无量心，而不贪着生于梵世，是菩萨行。**老庄孙子**：慈悲喜舍。毕竟清净谓之梵。

虽行禅定解脱三昧，而不随禅生，是菩萨行。**老庄孙子**：至乐不乐。

同样，维摩诘又在三十七菩提道品境界解说菩萨行，即

第二十九章 一合理相

所谓,四念处、四正勤、四如意、五根、五力、七觉分、八正道,还有止观。

还有不生不灭、辟之佛威仪、究竟净相、佛土永寂如等等,都不要执着。应无所住而生其心。

最后维摩诘说:虽得佛道转于法轮入于涅槃,而不舍于菩萨之道,是菩萨行。**老庄孙子**:真菩萨心肠!所有上述一言以蔽之:以出世心做入世事。

直到此!文殊菩萨及所率领的大众,也只有八千天人发阿耨多罗三藐三菩提心!那我们还学他干吗?唯有道者能之!

所谓"中道",即第一义谛,非色非空,体用无碍。极高明而道中庸!**老庄孙子**:现代医学证明左右人生67%的是心理、精神!这是一切圣人、哲人都想解决的终极课题!道家解决得最好,尤其是庄子!70%的病是心理、精神疾病方面的。《黄帝内经》也重在于此!是最大的生命科学。佛家则过于注重精神层面。弗洛伊德也只仅仅是"性"的梦的解析!西医的解剖分析更是无从谈起!

所谓"一合相"是指法性的形上的实有即真如而非物质界的形下的具相,即庄子所说"合则成体,散则成始",也即老子之"朴散则为器""无中生有""真空修成妙有"。亦如维摩诘所说"虽观诸法不生不灭,而不入正位"等等诸菩萨行,虽已证得无上菩提,但不住正报依报之相,果法无住,所谓真得阿耨多罗三藐三菩提心者。真大乘、上乘境界。

第三十章　知见不生

须菩提！若人言佛说我见、人见、众生见、寿者见。

须菩提！于意云何？是人解我所说义不？

不也，世尊是人不解如来所说义。

何以故？世尊说我见、人见、众生见、寿者见，即非我见、人见、众生见、寿者见，是名我见、人见、众生生、寿者见。老庄孙子：《金刚经》快结束了，所谓……即非……是名……句子结构才用得比较溜！

须菩提！发阿耨多罗三藐三菩提心者，于一切法应如是知，如是见，如是信解，不生法相。

须菩提！所言（所谓）法相者，如来说即非法相，是名法相。

你看看！刚表扬就又……唉！最后一句应是"如来所谓法相者，即非法相，是名法相"！老庄孙子：确实不够严谨，有违南师了。

看官须知，此章的"佛、我、世尊、如来"指的都是释

第三十章 知见不生

迦牟尼！

说一千，道一万，"知"也好，"见"也罢，都是"相"的一种，均不要"执"！修到、悟到究竟时是"应无所住"的，不住一切，空灵灵、活泛泛、光明明、清纯纯、天真真、泠然然的！"一元复始，万象更新"那已经是有了。如是"知"，如是"见"，那才是真知灼见！当然，只有真人才有真知。

所以，老子说：为学日益，为道日损，损之又损以至于无为，无为无不为。

不出户，知天下；不窥牖，见天道。其出弥远，其知弥少。是以，圣人不行而知，不见而明，不为而成。

圣人不但要"无知""无见"，还要"无心"：圣人无常心，以百姓心为心；天地不仁以万物为刍狗，圣人不仁以百姓为刍狗。善者吾善之，不善者吾亦善之；善救人，故无弃人。善救物，故无弃物。这才是真正的大德、至善、大慈、大悲、大智，真正的"民主、自由"！**老庄孙子**：是真得"阿褥多罗三藐三菩提"心者！是真正的虚极静笃、无为、淡泊之后的大彻大悟，得无上正等正觉，继而生发出普度众生的大智慧、大慈悲、大愿力！

黄檗禅师说：诸位学道修佛之人，若想得道成佛，总归是不用学的，只要修习"无求执着"。无求即心不生，无着即心不灭，不生不灭即是佛也。

平常、中庸即是佛！盘珪禅师说：平常无事，饿来吃饭睡来眠。**老庄孙子**：自然而然，法尔如是。

老子"不自见，故明"。

庄子之"师心自用"：夫随其成心而师之，谁独且无师乎？何必去寻找那些自以为是、自以为师者？再愚蠢的人，也有自己的想法！大道被小道所遮掩，真言被虚夸所蒙蔽。所以，才有儒墨之是非，以是其所非而非其所是。彼此彼此，方生方死，方死方生；因是因非，因非因是；方可方不可，方不可方可，彼亦一是非，此亦一是非。真的有彼是吗？真的无彼是吗？彼是则莫得其偶（和），谓之"道枢"，所谓"枢"就像得其环中，把握中枢，以应无穷。是以一无穷，非亦一无穷。故曰"莫若以明"。**老庄孙子**：珠落玉盘，圆融无碍，关键是要把握中枢！不然，则会流于圆滑、狡辩。

《楞严经》说：知见立知，既无明本；知见无见，斯即涅槃。

与此有关的一个公案，宋朝年间温州瑞麁寺有一位遇安禅师，天天看佛经念佛。当他看到这一段时，忽然心血来潮，便把"知见立知，既无明本。知见无见，斯即涅槃"改了标点为"知见立，知即无明本。知见无，见斯即涅槃"。因此大悟。**老庄孙子**：有东西挡在那儿，则无明；没有任何滞碍，虚空粉碎即是解脱涅槃。

学的越多，着相越多，不但着魔，还着佛、着道。所谓"读万卷书，行万里路"是也！所以老子说"为学日益，为道日损，损之又损以至于无为，无为而无不为"。释迦"应无所住而生其心"。

第三十一章 应化非真（真则不化）

须菩提！若有人以满无量阿僧祇（无数）世界七宝持用布施。若有善男子、善女人发菩提心者，持于此经乃至四句偈等，受持诵读，为人演说（前面全是为他人说），其福胜彼。云何为人演说？不取于相，如如不动。

何以故？

一切有为法，如梦幻泡影，

如露亦如电，应作如是观。

佛说是经已，长老须菩提乃诸比丘、比丘尼、优婆塞、优婆夷、一切世间天、人、阿修罗，闻佛所说，皆大欢喜，信受奉行。老庄孙子：涕泪交流，只是初心。

本章是释迦本次讲座最后一部分。他再一次强调：施若恒沙不若传经布道！可见传经布道在释迦牟尼心中重要到什么程度。进一步用四句偈强调世事无常，让人们早日看破、无执、悟道。

需要注意的是，释迦讲经开始时，听课的是1250位出

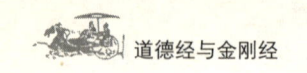

家人，结束时，也就是一下午（严格讲，5000字，以对话记，约1小时，一人讲则只需25分钟）的时间，听课的则变成：有出家的、在家的、男的、女的，以及一切的世间天、人、阿修罗。于意云何？何以故？谁能告诉我？

重点说说"幻化"。最大的幻就是释迦牟尼所说"传经布道49年，一言未发"，所说所讲皆是幻相；最大的梦想就是黄帝梦，可喜的是他梦想成真；还有周公解梦，周穆王梦游，孔子梦周公，列子梦，庄子梦为蝴蝶，闹不清蝴蝶也，庄周也；汉明帝梦佛；弗洛伊德梦的解析；众生梦，美国梦，等等。

拈花也好，微笑也罢，最终都是"人生如梦，一樽还酹江月""是非成败转成空，古今多少事都付笑谈中""如梦幻泡影，如露亦如电"。**老庄孙子**：这是说的一切有为法。

可笑的梁武帝，为了一心向佛，严禁他说，残酷到不许老百姓互相说话、打招呼、点头示意、眼神会意，彻底剥夺了众生"拈花微笑"悟道的机会！从根本上违逆了佛意。他倒好，出家四次，举全国的财力仅建寺庙就多达三千座！国库空虚，民不聊生，最后激起兵变，梁武帝被软禁，落得个活活饿死的小乘小法的极端下场！

一切的有都是如梦如幻，都像露珠、闪电一样刹那、瞬间、短暂、无常，这是释迦牟尼的一层意思。

还有一层，不知释迦有否此意，那就是幻化，特别是化，其实在第三章释迦牟尼就说了有"化生"。

《列子》"周穆王"篇记载：老成子向关令尹喜学幻化术。

三年，尹喜一字没说。老成子忍无可忍，诘问：我何过之有？请明示！我要退学！**老庄孙子**：周穆王，死于公元前921年，在位55年。以此计算，印度文化、文明传入中国至少3000年！当然，如美国人研究《山海经》结论，说大禹到过美国。那也就是说，中华文明走向世界至少有4000年！

尹喜赶紧作揖请老成子屋里谈。两人到了密室，尹喜悄悄地对老成子说：过去，老聃（老子）要西域流沙，必须过我这一关，我用尽了浑身解数求道于他，不得已，他对我说："有生之气，有形之状，尽是幻也。造化之所始，阴阳之所变者，谓之生，谓之死。穷数达变，因形移易者，谓之化，谓之幻。造物者其巧妙，其功深，固难穷难终。因形者其巧显，其功浅，故随起随灭。知幻化之不异生死也，始可与学幻矣。"我和你也是幻，奚须学哉？**老庄孙子**：一切有为法，如梦幻泡影，如露亦如电。何其一致！又远高于释迦！譬如数理、物理、心理、造化、炁、阴阳、易、常，生者寄也，死者归也等等。密宗之大幻网修法的渊薮。

老成子归，回家了。用尹喜所教，深思三月，遂能存亡自在，还能改变四时；冬起雷，夏造冰；能让飞者走，走者飞。终身不着其术，故世莫传焉。**老庄孙子**：大隐，小乘而已！列子只传了个大概，不如黄帝的老师广成子那么具体。无奈，关令尹又教了另一个弟子，那就是著名的鬼谷子。

列子曰：善为化者，其道密庸，其功同人。五帝之德，三王之功，未必尽智勇之力，或由化而成。孰测之哉？**老庄孙子**：虽曰人事，岂非天命？谋事在人，成事在天。虽曰天命，

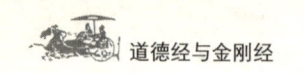

岂非人事？偶然与必然。英雄创造了历史还是历史创造了英雄？孰知之哉？彼此彼此。

列子说梦（《黄帝内经》也有）：觉有八征，梦有六候。奚谓八征？一曰故（先天），二曰为，三曰得，四曰丧，五曰哀，六曰乐，七曰生，八曰死。此八征，形所接也。

奚谓六候？一曰正梦，二曰噩梦，三曰思梦，四曰寤梦（黄帝做的就是寤梦），五曰喜梦，六曰惧梦。此六者，神所交也。**老庄孙子**：唯识学有五梦："想梦，忆梦，病梦，曾更梦，引起梦。"

不识感变之所起者，事至则惑其所由然；识感变之所起者，事至则知其所由然。知其所由然，则无所怛。一体之盈虚消息，皆通于天地，应于物类。**老庄孙子**：知其然又知所由然则无惧。天人感应，天人合一，有感而发。

列子解梦：故阴气壮，则梦涉大水而恐惧；阳气壮，则梦入大火而焚焫；阴阳俱壮，则梦杀生；甚饱则梦与；甚饥则梦取；是以以浮虚为疾者，则梦飞扬；以沉实为疾者，则梦溺；扎腰带睡觉，则梦蛇；飞鸟衔发，则梦飞；将阴梦火；将疾梦食；饮酒者忧；歌舞者哭。**老庄孙子**：我只要梦见车，百分之百有麻烦事。我母子、父女感应前面已说。反者，道之动也！有正梦，也有反梦。谁能解梦？一大大难题。庄子曰：也许万世之为才能得一解者，那也不过是旦幕之间尔！

神遇为梦，形接为事，故昼想夜梦，神形所遇。故神凝者想梦自消。信觉不语，信梦不达，物化之往来者也。

第三十一章 应化非真（真则不化）

古之真人，其觉自忘，其寝不梦，几虚语哉！**老庄孙子**：身体休息了而灵魂没有休息。理论上讲，大千世界变化无穷，则梦亦应无穷。至人，其息深深，则无梦也。本来无一物，何处惹尘埃！真觉悟了就"言语道断，心行处灭"，就是佛、真人。

孔子解梦：话说宋国阳里地方有人华子者，中年得了健忘症，朝取而夕忘，夕与而朝忘；在路途上则忘记走路，在家里则不知道坐；过去、现在、未来不分。愁死全家人。占卜，没用；巫医，不行；医生，没辙。

鲁国有一个儒生找上门来声称药到病除。华子老婆高兴地不得了，许愿，治好我老公的病，一半家产归你！

儒生开始忽悠：此病，非算卦能知，非祈祷管用，更非医生所能为！我来给他做个心理疗法，改变其想法，便可大愈。

于是乎，治疗开始！大冷天，不给他穿衣服，他还知道要衣服穿；饿着他，他还知道找吃的；把他扔进地窖，他还喊看不见。儒生高兴地告诉华子老婆：你老公的病我包治！你就准备钱吧。但有一个条件，我这是秘方，不可以告人。任何人不能在场，就我俩独居七日。**老庄孙子**：禅七啊！

果不其然，不知他是怎么鼓捣的，半辈子病，一朝即除。华子老婆也守信用，给钱！走人。

有谁知？问题来了！出大事了！华子是清醒了，可他明白后第一件事就是大怒，老婆也休了，孩子也被暴揍，还不解恨，抄起长矛追赶儒生找他拼命。阳里百姓赶紧把他围住

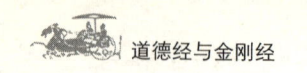

问其缘故。

华子：过去，我什么都忘了，荡荡然不觉天地之有无，现如今，却往事历历在目，数十年来的存亡得失、喜怒哀乐，千头万绪一起涌上心头。更惶恐将来那些存亡得失、喜怒哀乐，乱我心如此！须臾之忘，还能再找回来吗？

这件事，子贡听说后，觉得奇怪，立即报告给孔子。孔子曰：此非汝所及乎！回头告诉颜回如实记录下此事。**老庄孙子**：子贡是"坐驰"，颜回还未"坐忘"，孔子只好无语。

再看老子解梦：话说，秦国逄氏有一子，小时候极为聪慧，可长大后却得了"迷惘之疾"。闻歌以为哭，视白以为黑，馨香以为臭，尝甜以为苦，行非以为是，意之所之，天地四方，水火寒暑，无不倒错者焉。**老庄孙子**：真是颠倒众生！

有一位杨姓人告其父：鲁国的君子多术艺，或许能治好你儿子病，你为何不去走访？

于是，其父去鲁国，途经陈国，遇上了老子，便把儿子情况告诉了老子。**老庄孙子**：秦国到鲁国确实要路过陈国。即孔子被困于陈蔡之地七日不火食的陈国。

老子：你怎么知道你儿子是迷疾呢？而今天下之人皆为是非所惑，皆被厉害所昏。同疾者多，固莫有觉者。况且，一人之迷不足以倾覆一家；一家之迷不足以倾覆一乡；一乡之迷不足以倾覆一国；一国之迷不足以倾覆天下。天下尽迷，谁去倾覆它？假使天下人其心都像你儿子，迷的则是你了！哀乐、声色、香臭、是非等等，孰能正之？且我所说的也未必非迷，而况鲁国之君子（孔子）？他本身就是制造迷惑的

第三十一章 应化非真（真则不化）

高手，总爱做白日梦，又怎能解他人之迷？我看你的口粮还够，赶紧回去吧！

《金刚经》的主旨是"自利利他"，自利，就是开悟；利他，就是普度。是大乘。即孟子所说"老吾老以及人之老，幼吾幼以及人之幼"，"穷则独善其身，达则兼济天下"；孔子"心斋，虚以待物"；老子所说"负阴而抱阳，冲气以为和；塞其兑，闭其门；专气致柔，能婴儿；虚极静笃；载营魄抱一；为道日损；慈、俭、不敢为天下先""上善若水，水善利万物而不争""圣人处无为之事，行不言之教，万物作焉而弗始，生而弗有，为而不恃，功成而不居""受国之垢，受国之不祥""利而不害，为而不争"；庄子的"逍遥、在宥，大宗师，应帝王，尘垢秕糠犹能陶铸尧舜"！**老庄孙子：东土震旦，真大乘气象也！薪火相传。**

不论佛也好，道也罢，儒也可，都要求众生，不管是天子，还是庶人一是以修身为本！修行、修养、修炼的方法均是：行解合一，知行合一，天人合一，福慧双修，德智不二，得阿褥多罗三藐三菩提无上正等正觉，最终的目的就是"自利利他，自觉觉他""明明德，新民，止于至善""止、定、静、安、虑、得""格物知至，诚意，正心，修身，齐家，治国，平天下""逍遥，齐物，养生，人间世，德充符，大宗师，应帝王"，真正的"内圣外王""功盖天下而似不得已，化贷万物而民谓自然"，尘垢秕糠陶铸尧舜后，游心于淡，合气于漠，顺物自然而无容私焉；然后乘天地之正，御六气之变，骑日月，乘飞龙，提携宇宙，把握阴阳，立乎不测，万

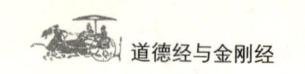

化生心，逍遥于无何有之乡，广漠之野，无极之始，无始之先。寂兮寥兮，独立而不改，周行而不殆！

看一段唐朝杨庭光在司空山向本净禅师求佛问道的公案。

杨庭光大老远跑到司空山拜见本净禅师：生死事大，无常迅速，我一心求道，请禅师慈悲。

本净：长安城里禅者甚多，为何不问？你所谓的"道"我这里没有。

杨庭光再问。

本净：你到底是求佛还是问道？求佛，即心是佛；问道，无心是道。**老庄孙子**：有心栽花花不开，无心栽柳柳成荫。

杨庭光不明，再问。

本净：所谓即心是佛，就是佛由心得，若还要再找一个无心，那佛也没了。无便是道。

杨庭光愈发糊涂：长安的大德们都说以布施、持戒、忍辱、宴坐、苦行等等来求佛，您却说无染的般若智慧人人本有，不是修行来的。如此说来，我以前所做的布施、持戒等等修行，莫非都和成佛无关？**老庄孙子**：维摩诘曰"不舍道法，而现凡夫事，是谓宴坐；不断烦恼，而入涅槃，是谓宴坐。若能如是坐者，佛所印可"。

本净：毫不相干！**老庄孙子**：可见当时神秀的"北渐"影响有多大！

《金刚经》到底要说什么？

善护念，护那个如如不动、清净解脱、涅槃那个念，

第三十一章 应化非真（真则不化）

念念不忘又应无所住；众生只能自度，佛法僧也只是个方便；要想见得如来，就不能有身相也不能有心相，佛相、佛法均不着；离相寂灭，绝圣弃智，大智若愚，无声无臭，无思无虑；无我、坐忘等等，才能究竟。过去、现在、未来都了不可得，空亦不住，这才是究竟涅槃得无上正等正觉；真空生妙有，无中生有，用那究竟的智慧、般若、涅槃、慈悲以金刚之坚利去普度众生，已度度人，最后妙有归空，扶扶摇羊角，循环往复以至于无穷。**老庄孙子**：大千世界，宇宙万象，吹万不同，山川河流，日月星辰，地火水风，阴阳五行，八卦，尘垢秕糠等等这些具体的东西，99.99%的众生都认为是实有，而释迦却认为是无常虚空；反之释迦认为法身也好、真如也罢、如来亦是，均认为是实有，而99.99%的众生却都视之不见、听之不闻、博之不得。到底谁"颠倒"谁？释迦牟尼自己说是"不可思议"，老子说是"无中生有（霍金也说了）"，孔子说是"空空如也"，庄子说是"无事生非"，列子、释迦说是"如梦如幻"，维摩诘说是"佛魔不二"，**老庄孙子**说是"莫名其妙"。你呢？这个，你懂得。呵呵……

2014.05.05 执笔

大纲于大溪地 2014.06.21 写成

第二稿 2014.09.21 于三亚河泓·假日阳光

第三稿 2014.10.10 于大溪地

第四稿 2014.12.22

第五稿 2015.01.08

定稿 2016.07.13 于金泰中心